Vicens Vives

PROYECTO ZOOM

CIENCIAS SOCIALES

MARGARITA GARCÍA SEBASTIÁN
CRISTINA GATELL ARIMONT
MARIA BATET ROVIROSA

EDUCACIÓN
6
PRIMARIA

Un proyecto innovador

Vicens Vives ha creado un proyecto para potenciar la motivación por el aprendizaje con **metodologías activas** y **contextualizadas**.

En la guía de recursos para el profesorado encontrarás unas fichas donde se explica, paso a paso, cuándo, dónde y cómo aplicar estas metodologías activas.

- Flipped classroom
- Gamificación
- Trabajo colaborativo
- Visual thinking
- Aprendizaje basado en proyectos
- Aprendizaje basado en rutinas de pensamiento

El objetivo principal del proyecto es desarrollar en el alumnado las capacidades imprescindibles para convivir en la sociedad del futuro y favorecer la adquisición de **valores positivos**, de **ciudadanía** y de **igualdad de género**: habilidades de comunicación, aprender a pensar, educación emocional, creatividad, trabajo cooperativo, reflexionar y gestionar el propio aprendizaje...

Para ello, creemos importante trabajar estos tres pilares:

- Aprender a aprender
- Educación emocional
- Integración de las TIC

En este proyecto encontrarás:

La propuesta de ejercicios, actividades y tareas va dirigida a favorecer el desarrollo competencial y las inteligencias múltiples del alumnado. Se indican con los siguientes símbolos:

Competencias clave

- Comunicación lingüística
- Sociales y cívicas
- Aprender a aprender
- Digital
- Matemática y ciencias y tecnología
- Sentido de iniciativa y espíritu emprendedor
- Conciencia y expresiones culturales

Inteligencias múltiples

- Lingüística
- Lógico-matemática
- Naturalista
- Musical
- Espacial
- Cinético-corporal
- Intrapersonal
- Interpersonal

Cómo es este libro

Las actividades del libro están clasificadas según los procesos cognitivos que trabajan:

Conocer: en estas actividades, el alumnado trabaja directamente el contenido.

Aplicar: estas actividades relacionan el contenido trabajado con los conocimientos previos del alumnado y con el entorno, es decir, que trabajan con el contexto.

Razonar: estas actividades tienen como objetivo que el alumnado reflexione, explique y razone los porqués de sus respuestas.

Entrada del tema

Las páginas de presentación incluyen una lectura inicial, así como preguntas de partida que permiten al alumnado activar los conocimientos previos.

Interior del tema

En estas páginas se trabajan los contenidos por medio de distintos tipos de actividades*.

Exploro mi mundo
Se realizan actividades para comprender, aplicar y razonar.

Viajo con...
Se elabora un cuaderno de viaje.

Rincón del arte
Se conoce y valora el patrimonio artístico.

Soy capaz de...
Se realiza un procedimiento para aplicar lo aprendido.

Cómo es...
Se describen los contenidos de forma visual.

Me hago preguntas
Se extraen conclusiones a partir de una serie de preguntas.

* En este libro no se indican las competencias sociales y cívicas porque son las propias del área.

Actividad cooperativa

Se plantean diversas actividades para que el alumnado desarrolle el trabajo cooperativo en el aula, aplicando los conceptos trabajados.

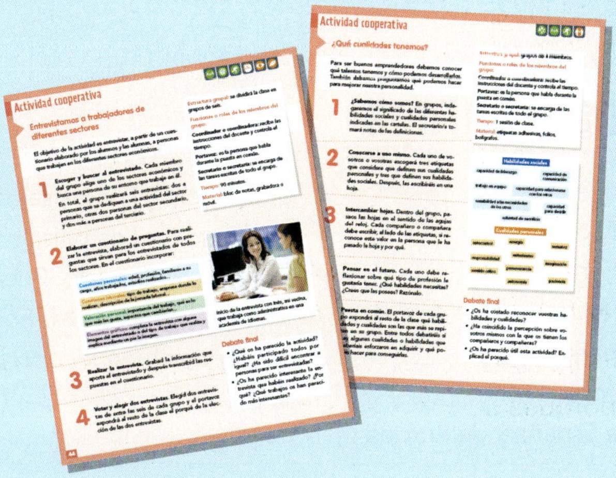

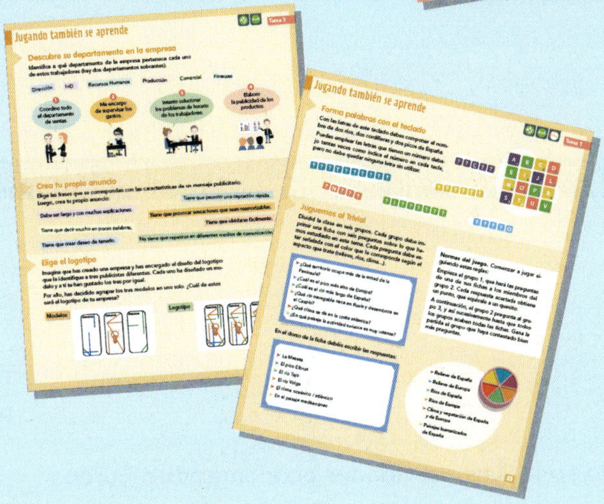

Jugando...

Actividades de carácter lúdico y juegos de inteligencia para desarrollar distintos tipos de habilidades y razonamientos.

Ya sé...

Las dos últimas páginas de cada tema son una autoevaluación, para que el alumnado reflexione sobre lo que sabe y lo que debe mejorar.

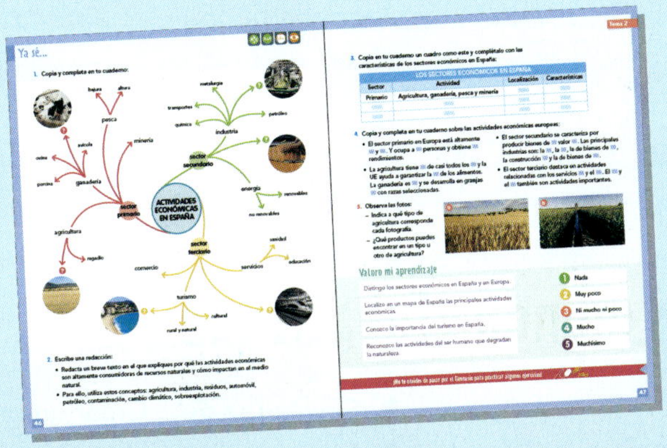

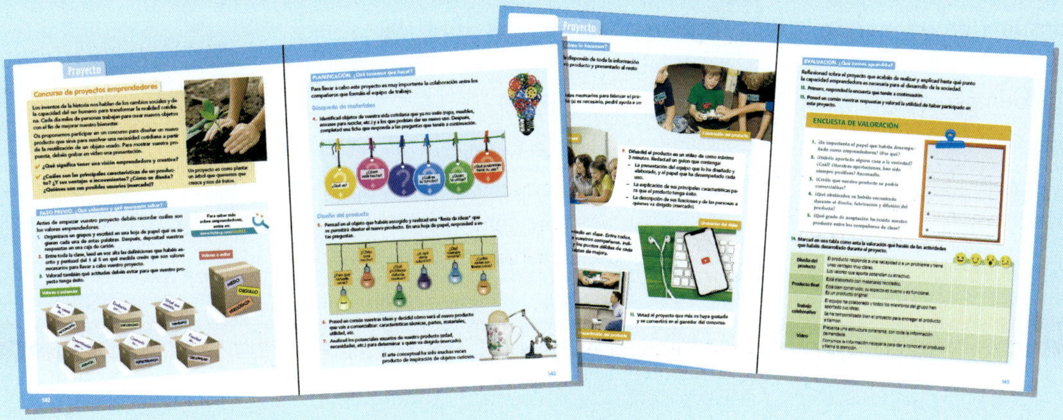

Proyecto

En estas páginas se aprende, a través de la búsqueda de información y utilizando herramientas digitales, sobre algún aspecto concreto de las Ciencias Sociales.

Recursos didácticos

Tiching

Recursos digitales que permiten trabajar sobre algún contenido del tema.

Gimnasio

Acceso a ejercicios en línea para tonificar el cerebro.

Detectives en la red

Actividades para ampliar contenidos del tema a través de la búsqueda en la red.

Documentos

Información de ampliación sobre los contenidos del tema.

Mediateca

Recursos audiovisuales para trabajar en clase o en casa.

¿Jugamos una partida?

Juego de mesa imprimible para repasar los contenidos del tema.

Índice

- **Las actividades contenidas en este libro han de realizarse en un cuaderno aparte.**
- **Los espacios incluidos en las actividades son meramente indicativos y su finalidad es didáctica.**

1 Conocemos España y Europa

Vas a aprender a...

- saber cómo son el relieve y las costas de España y Europa
- representar la altitud en un mapa
- conocer los ríos más importantes de España y Europa
- identificar el clima y la vegetación de España y Europa
- reconocer los paisajes de España
- saber diferenciar los tipos de espacios naturales protegidos españoles

La leyenda de los Pirineos

Hace miles de años, el rey Túbal, un anciano y bondadoso monarca, reinaba en las tierras de la Península Ibérica. Tenía una bella hija, llamada Pyrene, que estaba enamorada de Hércules, un joven y fuerte héroe de la mitología griega.

Gerión, un horrible y ambicioso ser de tres cabezas, quería arrebatar el trono a Túbal y casarse con la princesa. Pyrene, que temía a Gerión, solo tenía ojos para Hércules, con quien solía pasear por el bosque.

Un buen día, mientras Pyrene esperaba a Hércules, se encontró con Gerión, que quiso raptarla. Por fortuna, Pyrene era muy ágil y logró escapar. Gerión, enfurecido y deseoso de atrapar a la joven, incendió el bosque para que no pudiera esconderse en él.

Un águila, que había visto todo lo sucedido, avisó a Hércules, que acudió veloz a rescatar a su amada. Cuando llegó, cogió a Pyrene en sus brazos, pero no pudo evitar que esta muriese a los pocos segundos.

Roto por el dolor, Hércules quiso enterrar a su amor. Cavó un hoyo en la tierra, colocó en él a Pyrene y empezó a cubrirla con piedras. El héroe trabajó con tanta pasión que colocó millones de enormes piedras para ocultar el cuerpo de la princesa. Tantas y tantas llegó a apilar, que formó una gran montaña.

Y así, según cuenta la leyenda, nació el Pirineo. El amor de Hércules y la hermosa Pyrene dio origen a la cordillera más bella e impresionante de la Península Ibérica.

Leyenda de Pyrene (adaptación).

1. Resume cómo se formó la cordillera de los Pirineos, según la leyenda.

Pienso

- ¿Qué cordillera representa la fotografía? ¿Sabes qué dos países europeos separa? ¿Conoces el nombre de algún pico de esta cordillera?

Me interesa

- Busca en Internet cuál es el pico más alto de Europa y cuánto mide. Averigua en qué país se encuentra.

Reflexiono

- Imagínate otro final para esta leyenda. Escribe cómo la continuarías a partir de "Un águila, que había visto todo lo sucedido...".

El relieve y las costas de España

España es un país situado en el Sudoeste de Europa, que tiene una extensión de 505 968 km^2.

¿Cómo es el relieve?

El relieve español se suele organizar en tres grandes grupos:

- Las **unidades interiores** del relieve, formadas por:
  - La **Meseta**. Es una extensa llanura con una altitud elevada (600-700 m), que ocupa el centro de la Península.

    El Sistema Central divide la Meseta en la **Submeseta Norte**, más alta, y la **Submeseta Sur**, de menor altitud. Los **Montes de Toledo** se sitúan en la Submeseta Sur.
  - Las **cordilleras que rodean la Meseta**: los Montes de León separan la Meseta de Galicia, la Cordillera Cantábrica se extiende paralela al mar Cantábrico, el Sistema Ibérico se sitúa al Nordeste de la Meseta y Sierra Morena la separa del valle del Guadalquivir.
- Las **unidades exteriores** del relieve, compuestas por:
  - Las **cadenas montañosas de la periferia peninsular**: Macizo Galaico, Montes Vascos, Pirineos, Cordilleras Costero-Catalanas y Cordilleras Béticas, formadas por dos cadenas montañosas casi paralelas, la Cordillera Subbética y la Cordillera Penibética.
  - Dos **grandes depresiones**: la del Ebro, que es un extenso valle triangular abierto al mar Mediterráneo, y la del Guadalquivir, que es un valle de gran extensión abierto al océano Atlántico.
- Las **unidades del relieve insular**, que se caracterizan según el archipiélago:
  - En las **islas Baleares**, el relieve es poco montañoso, excepto la isla de Mallorca, donde se encuentra la Sierra de Tramuntana.
  - En las **islas Canarias**, el relieve es de origen volcánico. En la isla de Tenerife está el pico más alto de España, el volcán Teide, con 3715 m.

¿Cómo son las costas?

España es uno de los países europeos con más kilómetros de costa. En el litoral peninsular se alternan las costas **abruptas** y **acantiladas**, propias del Norte, con las costas **bajas** y **arenosas** del Sur.

La costa atlántica

- En Galicia es muy alta, rocosa y recortada. Los entrantes del mar forman las rías.
- En Andalucía es rectilinea, baja y arenosa.
- En Canarias es muy escarpada y con grandes acantilados. Solo en Lanzarote y Fuerteventura hay extensas playas.

Rías gallegas

Costa onubense

Comprendo y explico

1. Elabora en tu cuaderno un esquema sobre el relieve de la Península siguiendo la división entre unidades interiores y exteriores.
2. ¿Cómo son los relieves balear y canario? ¿Cuál es y dónde se encuentra el pico más alto de España?

La costa cantábrica

- Es alta y rocosa debido a la proximidad de la Cordillera Cantábrica y los Montes Vascos.
- Tiene elevados acantilados y escasas playas.
- En algunas zonas se forman rías.

Costa cántabra

La costa mediterránea

- Alterna costas altas con pequeñas calas y con extensas playas de arena.
- En ella se encuentra el extenso delta que forma la desembocadura del río Ebro.

Costa catalana

Costa valenciana

3. ¿Qué tipos de costa predominan en España?
4. Dibuja en un folio tamaño DIN A4 un mapa mudo esquemático de la Península Ibérica como el que tienes a tu derecha.

   Traza con un color las montañas y escribe en el lugar correspondiente el nombre del océano y los mares que rodean la Península. A continuación, localiza las cordilleras y depresiones, y escribe sus nombres.

El relieve y las costas de Europa

Europa es como una gran península rodeada de mar y unida al continente asiático por una amplia franja de territorio.

Por su extensión, más de 10,2 millones de km^2, Europa es el segundo continente más pequeño de la Tierra, solo por detrás de Oceanía. Sus límites son: al Norte, el océano Glacial Ártico; al Este, Asia; al Sur, el mar Mediterráneo y Asia; y al Oeste, el océano Atlántico.

¿Cómo es el relieve?

La altitud media de Europa es baja (unos 300 m) y su relieve presenta tres grandes tipos de unidades:

- Los **macizos antiguos** están formados por montañas de poca altitud; se encuentran en el centro y en el Norte de Europa. Destacan los Montes Escandinavos, los Montes Urales y el Macizo Central.
- Las **cordilleras jóvenes** son relieves más elevados, presentan formas abruptas y se localizan en el Sur del continente. Son importantes los Alpes, los Pirineos, los Apeninos, los Cárpatos, los Balcanes y el Cáucaso.
- Las **llanuras** son amplias planicies situadas en el centro y el Este de Europa. La más extensa es la Gran Llanura Europea.

¿Cómo son las costas?

Las **costas** europeas son muy recortadas debido a la erosión del agua del mar. Dependiendo del océano o mar que las bañe, se distinguen las **costas atlánticas** y las **costas mediterráneas**. Ambas presentan numerosas penínsulas, islas, cabos, golfos, rías, fiordos y estrechos.

Observo y localizo

5. Explica por qué el continente europeo es una gran península. ¿Cuáles son los límites naturales de Europa? Localízalos en el mapa.
6. Observa el mapa:
   - ¿Qué cordillera, río o mar forma el límite natural entre Europa y Asia? ¿Qué cordillera separa España de Francia?
   - ¿Cuál es el pico más alto de Europa? ¿Dónde se encuentra?
   - Localiza las principales penínsulas, islas, cabos, golfos y estrechos. Escribe sus nombres en tu cuaderno.
7. Con la ayuda de un atlas, elabora en tu cuaderno un cuadro como el siguiente sobre las cordilleras de Europa:

Cordillera	Situación	Pico más alto

Gran Llanura Europea

Amplia planicie con pequeñas colinas que se extiende de Oeste a Este por la zona central de Europa.

Está surcada por grandes ríos, como el Rin o el Vístula.

Montes Urales

Cadena montañosa muy antigua situada en el Este de Europa.

Forman el límite natural entre Europa y Asia.

Cáucaso

Cordillera situada entre el mar Negro y el mar Caspio.

El Elbrus, con 5633 m, es su máxima altitud y, también, el pico más alto de Europa.

Alpes

Sistema montañoso situado en Europa Central, cuya cumbre más elevada es el Mont Blanc, con 4810 m.

Representar la altitud en un mapa

La altitud del relieve es la distancia en vertical de un punto de la superficie de la Tierra respecto al nivel del mar.

¿Es posible dibujar la altitud del relieve sobre una superficie plana? ¿Qué utilidad pueden tener estas representaciones? Los perfiles del relieve y las curvas de nivel son dos formas de representarla.

Comprendo cómo se representa la altimetría

1 ¿Qué es un perfil topográfico o del relieve?

El perfil de un relieve es la representación gráfica del relieve de una zona, con las altitudes correspondientes.

Seguro que en la televisión has visto alguna vez la vuelta ciclista a España. En ella, las diferentes etapas que los ciclistas recorren se muestran mediante un perfil del relieve, como el de la ilustración. En él figuran las distintas altitudes por las que transcurre la etapa.

Perfil de una etapa de la vuelta ciclista a España

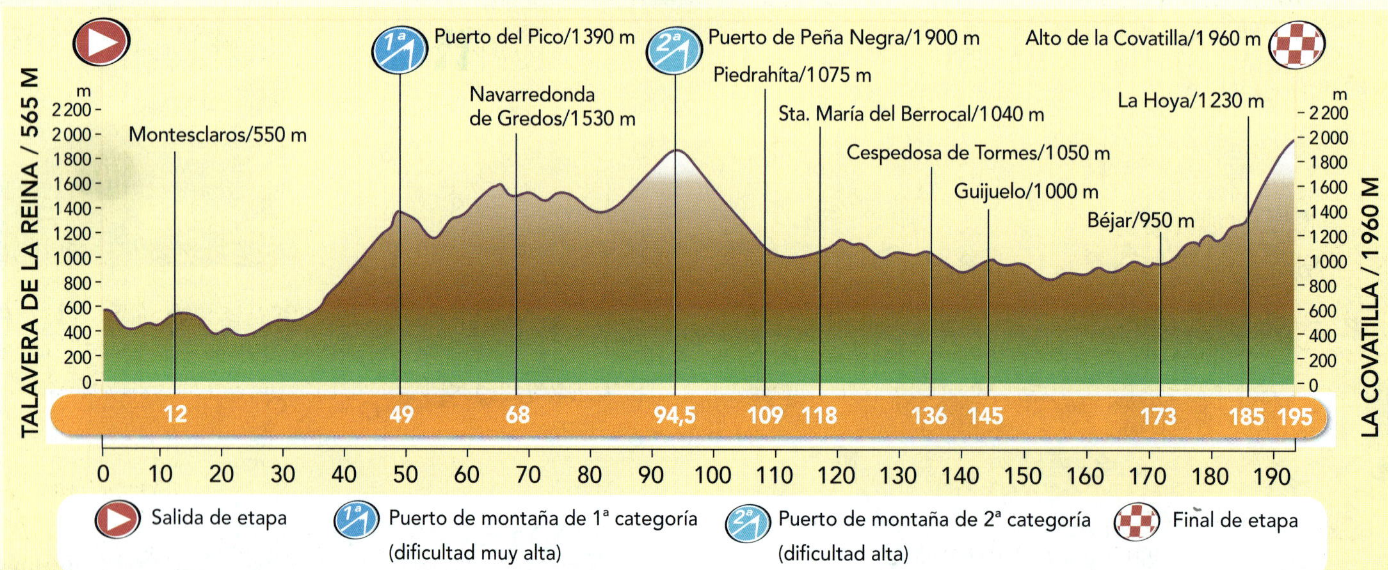

8. Observa el perfil de una etapa de la vuelta ciclista a España. ¿Entre qué dos puntos transcurre la etapa? ¿Cuántos kilómetros recorre? ¿Cuál es la parte más descansada para los ciclistas? ¿Y la más difícil? ¿A qué altitud termina?

9. Imagina que eres un locutor o locutora de radio y tienes que hacer un resumen para las noticias deportivas: debes explicar cómo es el recorrido que realizarán los ciclistas en esta etapa. Redacta el texto que leerás en antena.

2 ¿Qué son las curvas de nivel?

La altitud de un relieve se puede representar en un mapa de dos formas:

- Dibujando las curvas de nivel, que son unas líneas que unen puntos del relieve que se encuentran a la misma altitud.
- Pintando con colores distintos la superficie que existe entre una curva de nivel y la siguiente.
  Estos colores son los que vemos en los mapas físicos. Se suelen utilizar los tonos verdes, marrones y lilas.

Las curvas de nivel muy próximas entre sí indican que la pendiente del terreno es pronunciada. Las líneas separadas significan que la inclinación del terreno es pequeña.

Las curvas de nivel

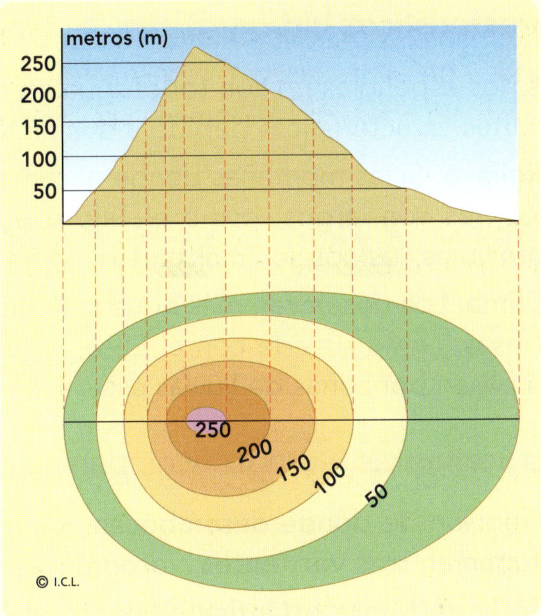

10. Observa en el dibujo cómo una montaña se ha convertido en una superficie plana:

- ¿Qué es una curva de nivel? ¿Cuántas curvas de nivel hay dibujadas? ¿Qué altitud representa cada una de ellas?
- ¿Qué significan los distintos colores? ¿Qué color se suele utilizar para indicar los lugares más elevados? ¿Y para los más bajos?

Para saber más sobre las curvas de nivel, entra en:
www.ticHing.com/774038

Aplico lo aprendido

11. Imagina que vas a planificar una excursión con un grupo de amigos y amigas para pasar un fin de semana en un refugio de montaña en la ladera del monte Gete.

1. Ruta del primer día. Salida de la localidad de Castro (a 300 m de altitud), descenso al valle del río Iso (a 200 m) y ascenso al páramo de Tusa (a 700 m). Trayecto de 7 km.

2. Ruta del segundo día. Descenso desde el páramo de Tusa a la llanura del Oso (250 m de altitud) e inicio del ascenso hasta el refugio (900 m de altitud). Trayecto de 10 km.

Lee la ruta a seguir y obsérvala en el dibujo. Después, dibuja en tu cuaderno un perfil de la altitud del recorrido que vas a realizar desde el pueblo de Castro hasta el refugio del monte Gete.

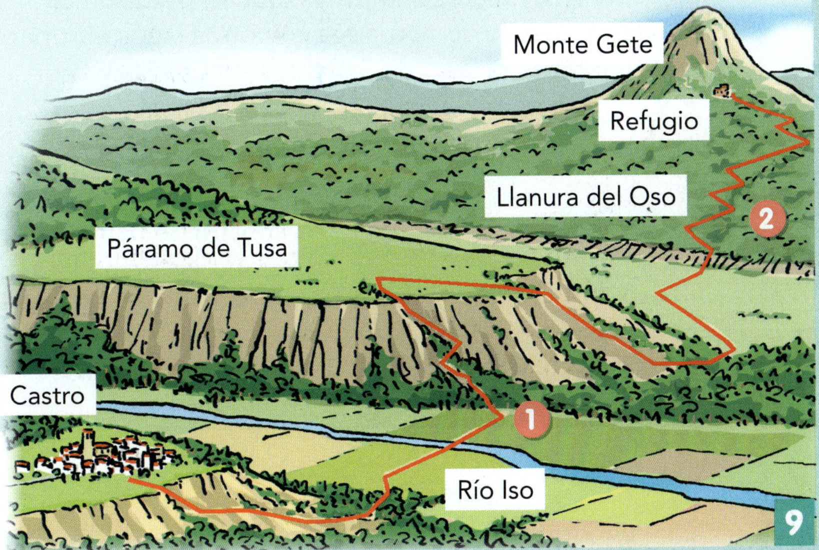

Los ríos y los lagos de España

Comparados con otros ríos de Europa, los ríos españoles son cortos, tienen poco caudal y son muy irregulares.

Características hidrográficas

Los ríos españoles no son todos iguales, sino que tienen diferentes características debido a dos factores:

- **Relieve**. Si las montañas donde nacen están lejos del mar, los ríos son largos, como el Tajo o el Duero, y si están próximas, los ríos son más cortos, como el Nalón o el Ter.
- **Clima**. Los ríos llevan más agua si discurren por zonas lluviosas, como sucede con el Ebro, y tienen menos caudal si pasan por zonas de lluvias escasas (Turia, Segura...).

Las vertientes hidrográficas peninsulares

En función de dónde desembocan, los ríos peninsulares se agrupan en **tres vertientes** hidrográficas:

- En la **vertiente atlántica** destacan el Miño, el Duero, el Tajo, que es el río más largo de la Península, el Guadiana y el Guadialquivir.
- En la **vertiente cantábrica** destacan el Navia, el Nalón, el Narcea y el Bidasoa.
- En la **vertiente mediterránea** sobresale el río Ebro. Otros ríos son el Ter, el Llobregat, el Turia, el Júcar, el Segura y el Guadalhorce.

En el archipiélago canario y también en el balear no hay ríos propiamente dichos, solo pequeños cursos de agua conocidos como **barrancos** y **torrentes** respectivamente.

¿Dónde encontramos lagos y embalses?

En España hay algunos lagos y lagunas, pero son de pequeño tamaño comparados con otros lagos europeos. El más grande es el lago de Sanabria, en Castilla y León.

Además, hay varias lagunas, como la de Gallocanta, en Aragón; y la Albufera, en la Comunitat Valenciana.

En el curso de muchos ríos se ha construido una extensa red de embalses para el aprovechamiento de sus aguas.

Embalse de La Serena en el río Guadiana.

La vertiente cantábrica
Los ríos que desembocan en el mar Cantábrico son cortos, ya que las montañas donde nacen están muy cerca del mar, de caudal abundante y bastante regulares porque en la zona llueve mucho.

OCÉANO ATLÁNTICO

La vertiente atlántica
Comprende los ríos gallegos, que son cortos y caudalosos, y el resto de ríos atlánticos, que son los más largos y de caudal más abundante de la Península.

Comprendo y explico

12. ¿Qué factores determinan las características de los ríos españoles?
13. ¿Qué tres vertientes existen? ¿Cuál es la más extensa? ¿Y la más pequeña? Razona tus respuestas.
14. Explica cuáles son las características que diferencian cada una de las tres vertientes hidrográficas. Enumera los ríos más importantes de cada una de ellas.

La vertiente mediterránea

Los ríos que vierten sus aguas al Mediterráneo, a excepción del Ebro, son cortos, poco caudalosos y de régimen irregular. Sufren estiaje (disminución de caudal) en verano, pero tienen grandes crecidas cuando se producen lluvias torrenciales.

15. Escribe una relación de los embalses que aparecen en el mapa y anota el nombre de los ríos que los alimentan.

16. ¿Por qué crees que los lagos de España tienen una superficie menor comparada con la de otros lagos europeos?

17. Elabora en tu cuaderno un cuadro como el que tienes a tu derecha sobre cada uno de los principales ríos de España.

Río	
Vertiente	
Nace en...	
Desemboca en...	
Afluentes (derecha)	
Afluentes (izquierda)	

Los ríos y los lagos de Europa

Por Europa discurren una gran cantidad de ríos. Algunos de ellos son navegables en parte de su recorrido y sirven como vías de comunicación. También existen numerosos lagos.

Busco y defino:
- vertiente hidrográfica
- calado
- río navegable
- ruta fluvial

Las vertientes hidrográficas europeas

Los ríos de Europa son moderadamente largos y caudalosos comparados con los ríos de otros continentes.

Según los océanos o mares donde los ríos europeos desembocan, podemos distinguir cinco grandes vertientes hidrográficas:

- **Vertiente ártica**. En el océano Glacial Ártico desembocan ríos largos y caudalosos que permanecen helados en invierno (Pechora, Dvina Septentrional...).
- **Vertiente atlántica**. Los ríos que vierten sus aguas en el océano Atlántico son caudalosos y regulares porque reciben precipitaciones durante todo el año (Vístula, Oder, Elba, Rin, Sena, Loira, Duero, Tajo...). Muchos ríos de esta vertiente son navegables.
- **Vertiente mediterránea**. Los ríos mediterráneos son poco caudalosos e irregulares, es decir, con sequías en verano y grandes crecidas en la época de lluvias (Ródano, Ebro, Po...).
- **Vertiente del mar Negro**. Estos ríos son largos y con un caudal abundante, que se mantiene regular todo el año (Danubio, Dniéster, Dniéper, Don...).
- **Vertiente del mar Caspio**. Los ríos de esta vertiente son muy largos y caudalosos (Ural, Volga...).

Los principales ríos europeos

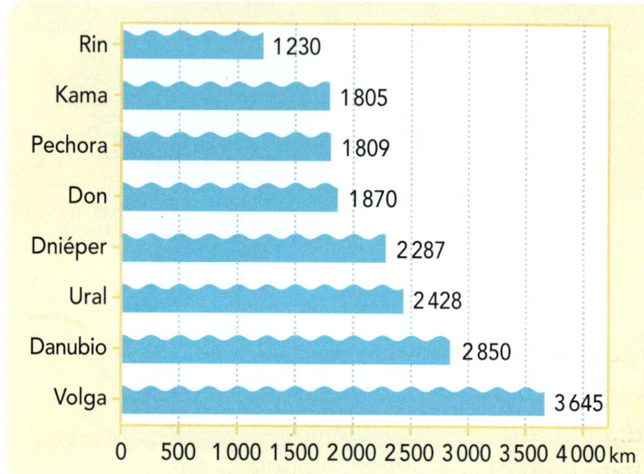

Los lagos de Europa

En el continente europeo existen lagos grandes y medianos, y multitud de lagos pequeños repartidos por todo el territorio.

Los lagos de mayor tamaño se localizan en el Norte de Europa, en torno al mar Báltico. Destacan el Ladoga y el Onega, en Rusia.

En la zona central europea se hallan otros lagos menos extensos como el Balatón, en Hungría; el Constanza y el Léman, en Suiza; y el lago de Garda, en Italia.

¿Qué es un río navegable?

Un río navegable es aquel que tiene profundidad suficiente para que puedan navegar barcos de mediano calado.

Los ríos han sido utilizados desde muy antiguo como vías para el transporte de mercancías y, actualmente, también para realizar cruceros fluviales, actividad que atrae a un gran número de turistas.

Los mayores ríos navegables de Europa son el Rin, el Danubio, el Ródano, el Volga y el Sena.

Río Rin, Alemania.

Los ríos y los lagos de Europa

Dvina Septentrional

Nace en Rusia, de la confluencia de dos ríos. Es totalmente navegable aunque permanece helado durante el invierno.

Volga

Nace en Rusia y desemboca en el mar Caspio. Es el río más largo de Europa y es navegable en casi todo su recorrido.

Rin

Nace en los Alpes suizos y desemboca en el mar del Norte. La mayor parte de su recorrido es navegable.

Ródano

Nace en los Alpes suizos y desemboca en el mar Mediterráneo, formando un delta.

Danubio

Nace en la Selva Negra (Alemania) y desemboca en el mar Negro. Se utiliza como ruta fluvial de transporte.

Para saber más de los ríos europeos, entra en:
www.tiching.com/686625

Observo y localizo

18. Observa el mapa y elabora en tu cuaderno un esquema con los principales ríos europeos ordenados por sus vertientes.

19. ¿A qué vertientes pertenecen los ríos más largos de Europa? ¿Y los más cortos? ¿Por qué crees que es así?

20. Observa el gráfico. ¿Cuál es el río más largo de Europa? ¿Cuántos kilómetros tiene?

21. Consulta tu atlas y enumera por qué países discurren los ríos Rin y Danubio.

22. Averigua qué tienen en común los ríos de cada grupo y cuál aparece de forma errónea:

– Ebro, Duero, Volga, Tajo, Guadiana.
– Duero, Tíber, Sena, Rin, Loira.
– Danubio, Dniéster, Don, Dniéper, Elba.

El clima y la vegetación de España y de Europa

Al igual que en España, en la mayor parte de Europa, predominan los **climas templados**, que presentan tres variantes:

- El clima **oceánico** o **atlántico** se da en la costa atlántica. La abundancia de lluvia hace que la vegetación sea rica y variada.
- El clima **continental** ocupa el centro y el Este del continente. La ausencia del mar es un factor que modifica y extrema sus características.
- El clima **mediterráneo** se extiende por el Sur de Europa. Predominan los árboles y los arbustos de hoja perenne, debido al calor y la sequía estivales.

  En España existe una variación del clima mediterráneo, llamada **mediterráneo continental**, que se caracteriza por unos inviernos fríos y unos veranos muy cálidos. La escasez de las precipitaciones hace que la vegetación esté adaptada a la sequía.

También existen algunas zonas donde están presentes los climas **fríos**:

- El clima **polar** se localiza en algunas zonas al Norte del Círculo Polar Ártico y en la zona septentrional de Islandia.
- El clima **de montaña** se da en las cordilleras elevadas y la vegetación varía con la altitud.

Cada variedad de clima está asociada a un determinado tipo de vegetación. De este modo, los climas lluviosos presentan una vegetación exhuberante, mientras que los climas secos muestran plantas resistentes a la falta de agua.

El clima y la vegetación de Canarias

Las islas Canarias tienen un **clima cálido subtropical** seco con temperaturas suaves en invierno y calurosas en verano. Las lluvias son escasas.

La vegetación está adaptada al medio (pino canario, drago...). No obstante, la altitud de las montañas y la orientación de sus laderas determinan que la vegetación sea más frondosa en unas islas que en otras.

Clima y vegetación oceánicos o atlánticos

- Temperaturas suaves todo el año.
- Lluvias abundantes.
- Bosques caducifolios, (robles, hayas...), landas (matorrales espinosos) y praderas.

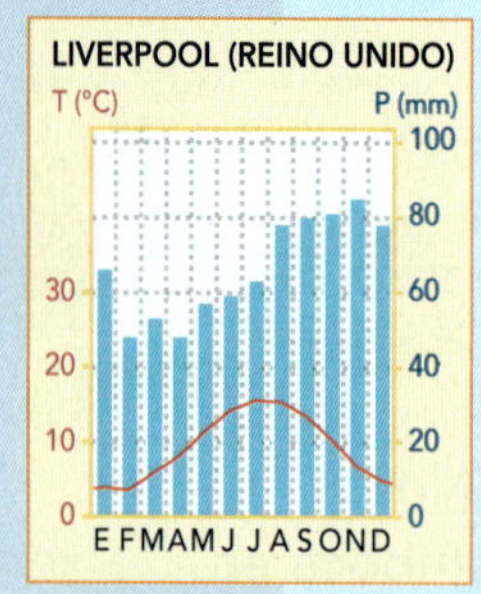

Clima y vegetación mediterráneos continentales

- Temperaturas muy contrastadas: inviernos muy fríos y veranos muy calurosos.
- Lluvias escasas que suelen caer en primavera y otoño.
- Encinas, quejigos y estepas.

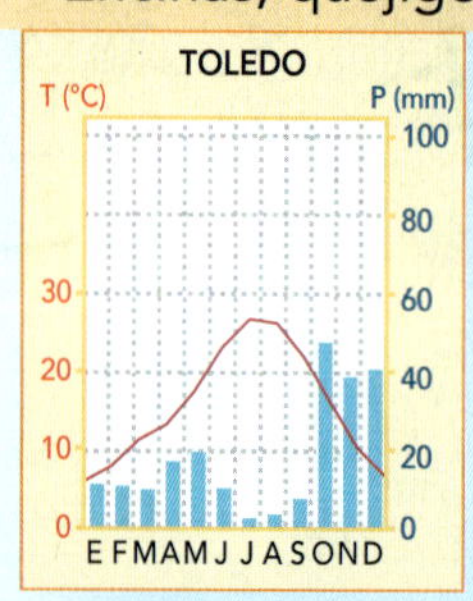

Comprendo y explico

23. Observa el mapa y enumera qué tipos de climas existen en España y en Europa y dónde se localizan.

24. ¿Cuál de los tipos de climas que hay en España te parece más agradable para vivir? Argumenta tu respuesta.

Clima y vegetación de montaña

- Inviernos fríos y veranos frescos.
- Precipitaciones abundantes, a menudo en forma de nieve.
- Bosques caducifolios, bosques de coníferas y prados.

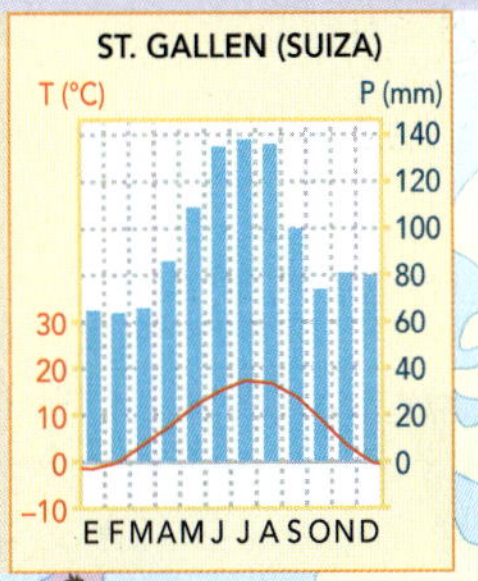

Clima y vegetación polares

- Temperaturas inferiores a 0 °C excepto en verano.
- Precipitaciones en forma de nieve.
- Vegetación de tundra (musgos y líquenes).

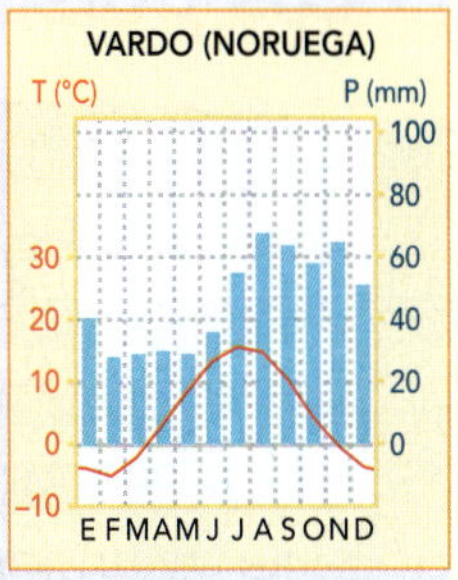

Clima y vegetación continentales

- Temperaturas altas en verano y muy bajas en invierno.
- Lluvias más abundantes en verano.
- En las áreas más frías está la taiga o bosque de coníferas y, en las zonas menos frías, el bosque mixto (coníferas y árboles caducifolios) y la estepa.

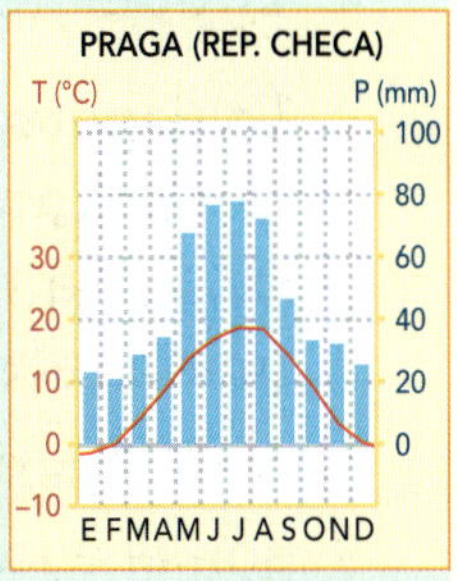

Clima y vegetación mediterráneos

- Inviernos suaves y veranos calurosos.
- Lluvias escasas.
- Bosques mediterráneos (encinas, alcornoques, pinos, matorrales y arbustos).

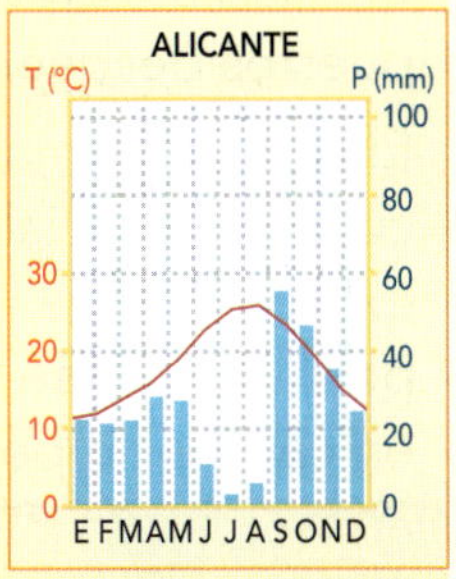

25. Elabora en tu cuaderno un cuadro resumen como el que tienes a continuación de los tipos de clima y vegetación que se dan en España y en Europa:

Clima	T (°C)	P (mm)	Vegetación

26. Fíjate en los distintos climogramas y anota de cada uno de ellos:

- La temperatura del mes más cálido y la del mes más frío.
- El mes con más precipitaciones y el mes con menos lluvia.

Los paisajes de España (I)

Los paisajes vienen definidos por el relieve y la vegetación de un lugar, que está muy unida al tipo de clima. Los paisajes naturales son los no modificados por la actuación del ser humano (construcciones, infraestructuras, repoblación forestal...).

Hoy en día, en España existen pocos paisajes naturales porque, al ser un territorio muy poblado, sus paisajes están intensamente humanizados.

El ser humano transforma el paisaje para:

- Edificar viviendas — Construcción
- Obtener alimentos y productos elaborados — Agricultura e industria
- Producir energía y materias primas — Minería
- Circular — Vías de comunicación

El paisaje atlántico

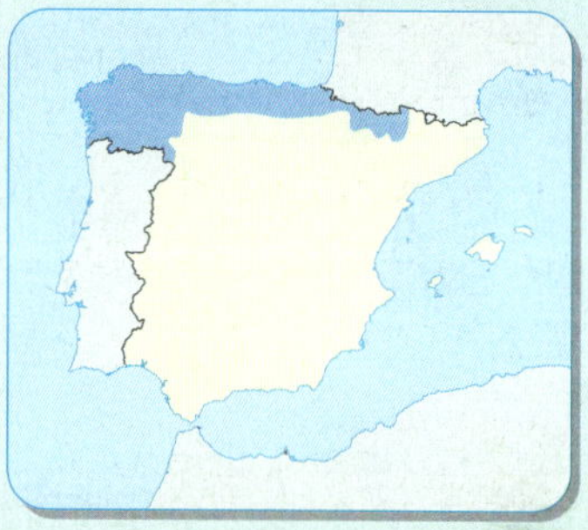

La vegetación de la España húmeda es frondosa. Predomina el **bosque caducifolio** con una gran variedad de especies (roble, castaño, abedul, arce...). La destrucción del bosque ha favorecido la expansión de la **landa** (matorral de tojo, brezo y retama), los helechos y las praderas para pasto.

También se han realizado repoblaciones de árboles de otras zonas, como son el eucalipto y el pino, que crecen más rápidamente.

Las principales ciudades y pueblos, así como las vías de comunicación, se localizan en la franja costera, que también reúne muchos puertos pesqueros y deportivos.

El interior es más rural, con cultivos especializados y una gran explotación ganadera. El poblamiento se halla más disperso en caseríos o pequeñas aldeas.

Eucalipto

Roble

Castaño

El paisaje mediterráneo

La vegetación mediterránea no es muy frondosa porque está adaptada a la falta de lluvias y a las altas temperaturas estivales. También son frecuentes los incendios forestales en verano, cuando el bosque está muy seco y las temperaturas son elevadas.

Los bosques, mayoritariamente de **hoja perenne**, están formados por encinas, alcornoques y pinos.

En el sotobosque abundan los arbustos y matorrales. Entre ellos destacan las especies aromáticas (tomillo, romero...). A esta vegetación se la conoce como **maquia** o **garriga**.

La actividad agrícola ha favorecido la plantación de olivos, higueras, almendros, cítricos (naranjos y limoneros) y otros árboles frutales.

Tomillo

Olivo

Pino

Garriga

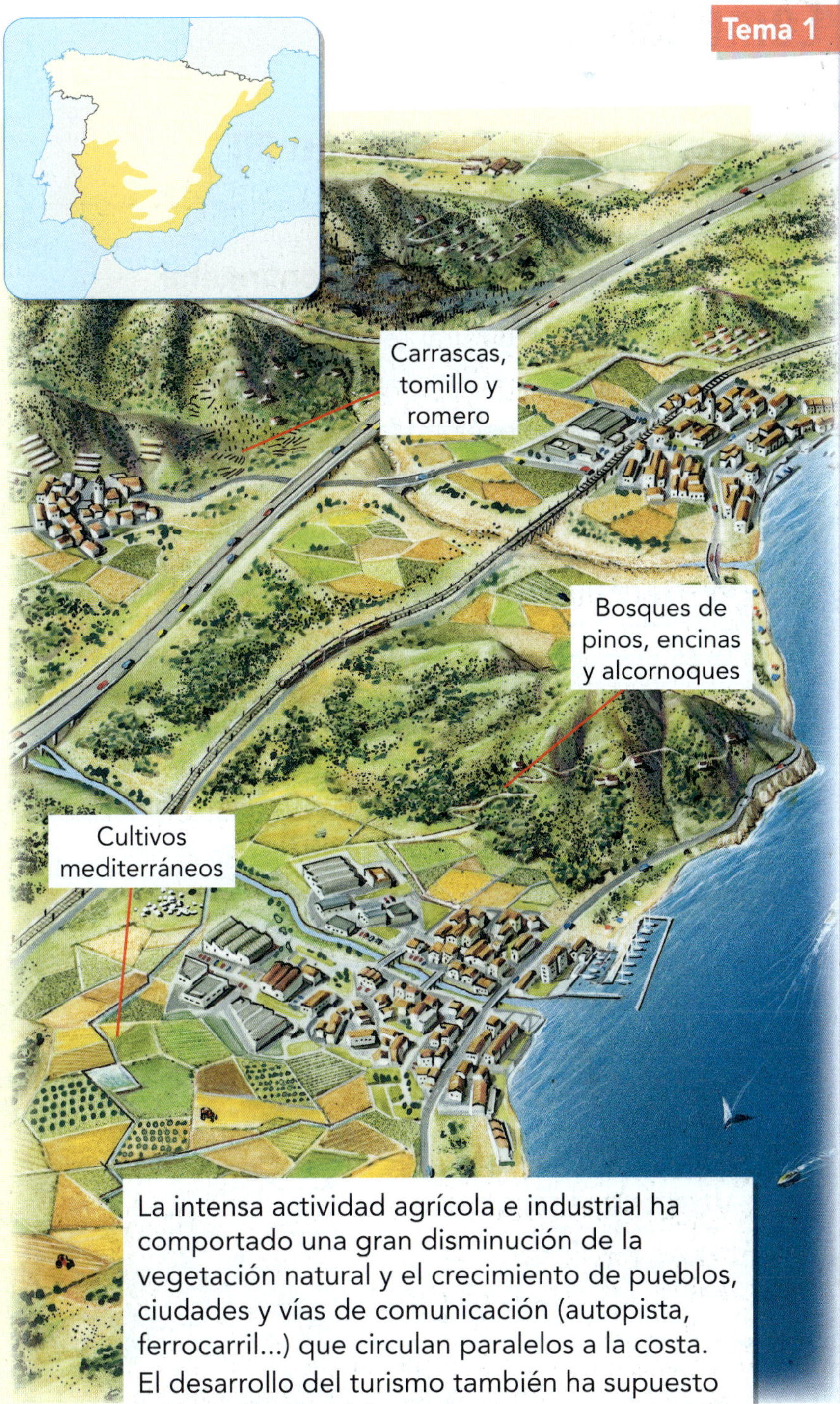

La intensa actividad agrícola e industrial ha comportado una gran disminución de la vegetación natural y el crecimiento de pueblos, ciudades y vías de comunicación (autopista, ferrocarril...) que circulan paralelos a la costa. El desarrollo del turismo también ha supuesto la degradación del paisaje.

Comprendo y explico

27. ¿Qué elementos definen un paisaje?
28. Explica qué son un paisaje natural y un paisaje humanizado.
29. ¿Son muy abundantes los paisajes naturales en España? ¿Por qué?
30. Observa los dibujos del paisaje atlántico y del paisaje mediterráneo, y elabora en tu cuaderno un cuadro como el que tienes a tu derecha para cada paisaje.

ELEMENTOS NATURALES	
Formas del relieve	
Hidrografía	
Vegetación	
ELEMENTOS HUMANIZADOS	
Construcciones	
Vías de comunicación	

Los paisajes de España (II)

El paisaje mediterráneo continental

La vegetación natural reúne especies adaptadas al calor y la sequía del verano, así como al frío y las heladas del invierno.

Entre los árboles abundan las encinas, los quejigos, los pinos, las sabinas y, en menor medida, los alcornoques. También hay álamos y chopos en las riberas de los ríos.

El paisaje natural de la Meseta está muy modificado por la explotación de la madera, los cultivos agrícolas y el pastoreo a lo largo de muchos siglos. La mayoría de bosques han desaparecido y el paisaje está lleno de campos cultivados, tierras en barbecho y zonas con matorral bajo (estepa).

Es un territorio poco poblado, a excepción de la Comunidad de Madrid. Sus habitantes se concentran en pequeñas localidades dispersas por el territorio y en importantes ciudades.

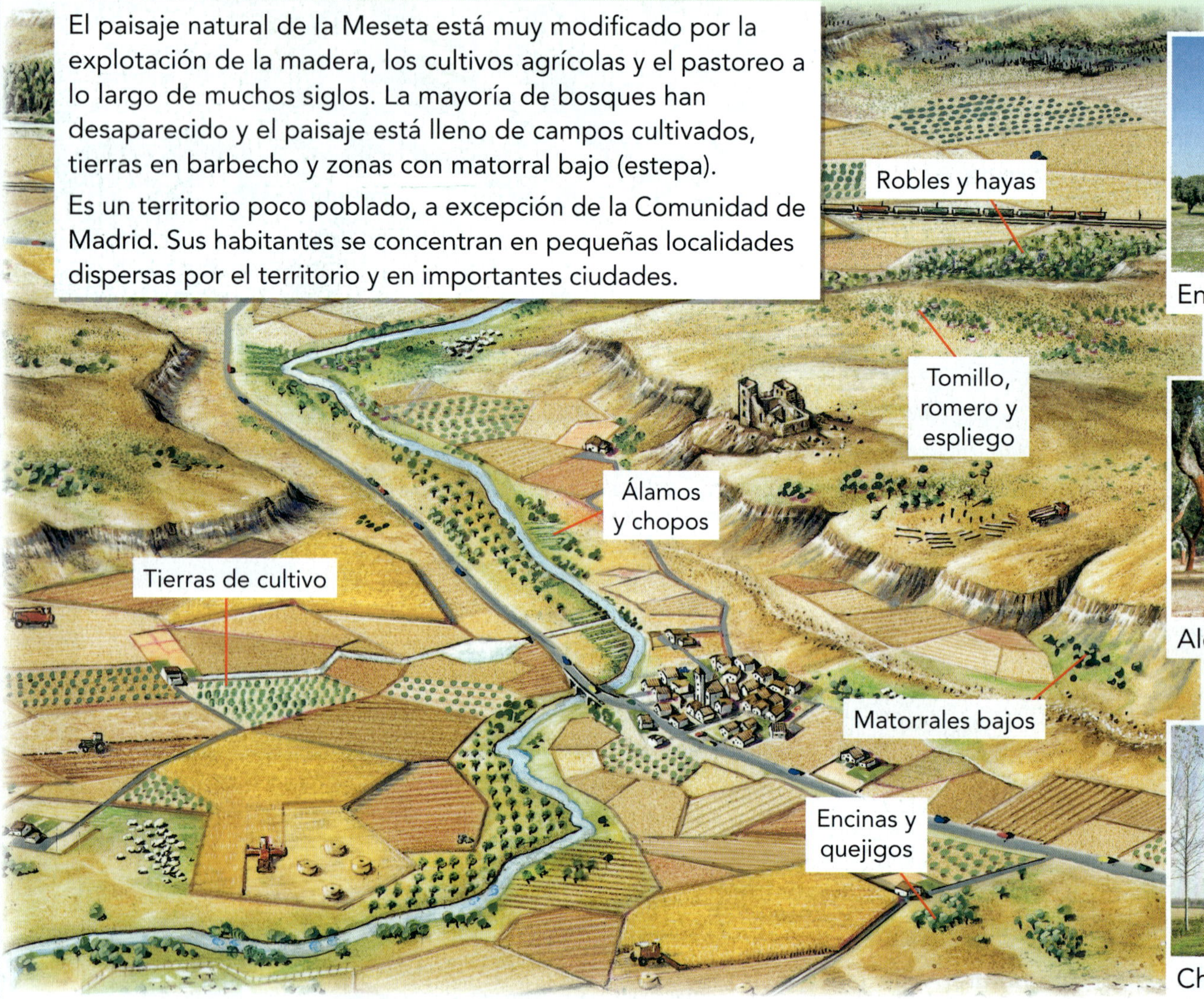

Encina

Alcornoque

Chopo

Comprendo y explico

31. Observa el paisaje mediterráneo continental, el paisaje subtropical canario y el de montaña, y elabora tres cuadros como los que has hecho para los dos paisajes anteriores. Ilústralos también con fotografías.

32. ¿A qué tipo de paisaje de los cinco que has estudiado se asemeja más el paisaje de la zona en que vives? Establece con el paisaje elegido cinco similitudes y también señala algunas diferencias.

El paisaje subtropical de Canarias

La existencia de volcanes y la insularidad dan al paisaje de las islas Canarias un aspecto muy particular.

La sequedad del clima comporta una vegetación **poco abundante**, pero con una **gran variedad de especies**. Algunas de ellas, como el drago, el pino o la palmera canarios, se hallan solo en este lugar del mundo.

La altitud de las montañas y la orientación de sus laderas determinan una vegetación más frondosa en algunas islas. En general, en la ladera Sur de las montañas se encuentran plantas xerófilas adaptadas a la sequía, como el cardón y la palmera.

Drago

Laurisilva

Sabina

La costa canaria está muy poblada. En ella se sitúan numerosos pueblos y ciudades y las principales vías de comunicación. La actividad turística es muy importante.
En el interior existen pequeñas localidades y casas aisladas. Se cultivan plátanos, frutas tropicales, hortalizas y vid.

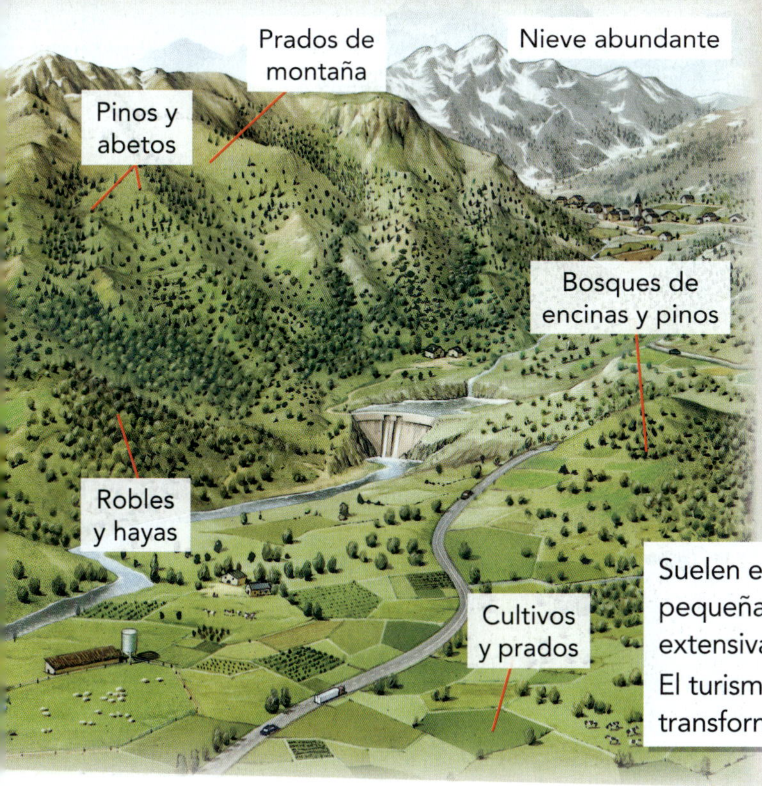

El paisaje de montaña

En las **zonas bajas** crecen encinas y pinos en las partes más secas, y robles y castaños en las más húmedas. También hay bosques de ribera junto a los ríos (chopos, olmos...).

En la **montaña media** crecen los bosques de hoja caduca (robles, hayas, abedules...) y también de coníferas (pinos, abetos...).

En la **alta montaña** encontramos matorrales y prados.

Suelen estar poco transformados y su poblamiento es disperso o en pequeñas aldeas. En los valles se practica la agricultura, y la ganadería extensiva está muy extendida por la abundancia de prados.
El turismo es muy importante y es responsable de la mayor transformación paisajística.

Preservar el paisaje natural

¿Cómo el ser humano modifica el paisaje?

Los espacios naturales protegidos son lugares que, debido a su interés paisajístico, su vegetación o su fauna, gozan de unas medidas de protección especial.

Los espacios naturales protegidos de España

En España existen cerca de 500 espacios naturales protegidos que ocupan casi tres millones de hectáreas. En algunos de ellos se preserva totalmente el paisaje natural y en otros se permiten algunas actividades humanas que no alteren el medio natural.

¿Qué categorías existen?

Los espacios protegidos están divididos en cuatro categorías, según su importancia y características: los **parques**, las **reservas naturales**, los **monumentos naturales** y los **paisajes protegidos**.

Los parques son la categoría más importante, incluyen: los **parques nacionales**, los **parques naturales** y los **parques regionales**.

Los tipos de parques naturales de España

Los **parques nacionales** son espacios naturales de gran extensión, no modificados por el ser humano, que deben preservarse de su estado natural.

Los **parques naturales** son áreas de gran belleza paisajística, con una fauna y flora singulares. En ellos está permitido realizar actividades compatibles con la naturaleza.

Los **parques regionales** son espacios protegidos por su valor ecológico y paisajístico, donde se permiten algunas actividades agrarias y ganaderas tradicionales.

Profundizo: Los parques nacionales de España

En España, el **parque nacional** es la figura principal de los espacios naturales protegidos. Se trata de espacios únicos por su gran riqueza en fauna y flora, algunos de ellos declarados Patrimonio Mundial por la UNESCO.

En los parques nacionales, las especies animales amenazadas son protegidas para evitar su extinción. En ellos está totalmente prohibido cazar o pescar, y se protegen los lugares donde viven y se reproducen los animales.

Parque Nacional de los Picos de Europa. Está situado en la Cordillera Cantábrica, entre las provincias de Asturias, León y Cantabria. Fue declarado en 1918 como el primer espacio protegido de España.

Parque Nacional Sierra Nevada (**Andalucía**). Es el parque nacional de España de mayor extensión con casi 71 000 hectáreas.

Parque Nacional de Doñana (**Andalucía**). Fue declarado Patrimonio de la Humanidad por la UNESCO en 1994.

Parque Nacional del Teide (Tenerife, Canarias). Es el parque nacional de España más visitado, con una media anual de 3,3 millones de personas.

Comprendo, aplico y razono

33. ¿Qué son los espacios naturales protegidos? ¿Qué se pretende al declarar un territorio como espacio protegido?

34. ¿Qué número de espacios protegidos hay en España? ¿Qué superficie ocupan?

35. Explica las diferencias entre un parque nacional, un parque natural y un parque regional.

36. ¿Cuántos parques nacionales existen en España? Elabora un listado y enuméralos agrupados por Comunidades Autónomas.

37. Consulta la web de algún parque nacional y averigua qué normas de visita se establecen para que las personas sean respetuosas con la naturaleza:

- Haz una lista de las principales normas de comportamiento responsable.
- Fíjate en el cartel de la página anterior, ¿por qué utiliza el eslogan *No dejes huella*? ¿Qué significa?
- Piensa un eslogan diferente que resuma cómo debemos comportarnos cuando visitamos espacios protegidos.

Fomentamos el turismo ecológico

Vamos a formar equipos para conocer los parques nacionales de España y elaborar un folleto turístico para unas vacaciones respetuosas con la naturaleza.

Estructura grupal: grupos de 4 miembros.

Funciones o roles de los miembros del grupo:

Coordinador o coordinadora: recibe las instrucciones del docente y controla el tiempo.

Portavoz: es la persona que habla durante la puesta en común.

Secretario o secretaria: se encarga de las tareas escritas de todo el grupo.

Tiempo: 1 sesión de clase.

Material: ordenador, impresora, papel.

1

Investigar en Internet. Cada grupo elegirá uno de los 15 parques nacionales de España. Para conocer cómo es el parque, nos dividiremos las tareas. Entre todos los miembros del grupo debemos obtener información básica sobre los aspectos siguientes:

1. Nombre, ubicación y dimensiones del parque nacional
2. Cuándo fue declarado parque nacional y por qué
3. Tipo de relieve. Altimetría
4. Hidrografía
5. Clima y vegetación
6. Flora y fauna

Para saber más sobre Parques Nacionales de España, entra en:
www.tiching.com/774400

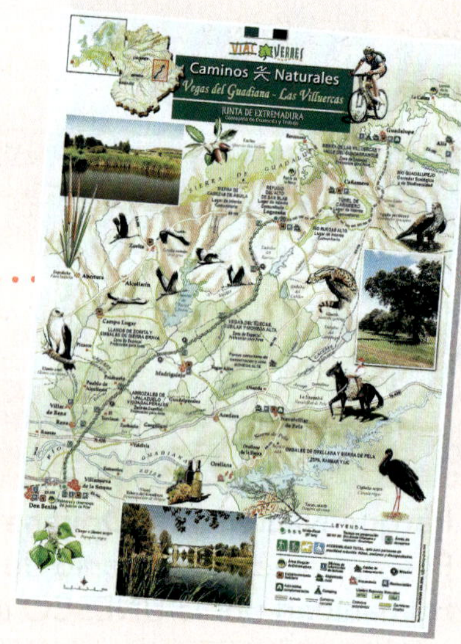

2

Elaborar un folleto. Después, elaboraremos un folleto explicativo del parque para animar a visitarlo. El folleto debe contener la información básica que hayáis recopilado, un mapa del parque con posibles rutas de visita que señalen los puntos de interes y algunas fotografías.

3

Realizar una presentación. Imaginaremos que estamos en una feria turística y haremos una presentación ante toda la clase de los atractivos que presenta el parque para ser visitado.

En nuestra exposición defenderemos las virtudes del turismo ecológico, que fomenta el conocimiento y disfrute del medio natural y sensibiliza a los visitantes de la necesidad de preservar el rico patrimonio natural de nuestro país.

Debate final

- ¿Creéis que el turismo es una de las actividades humanas que pone en peligro la conservación del medio natural? ¿Por qué? Poned ejemplos.
- ¿Creéis que el turismo ecológico puede ser una alternativa? ¿Por qué? ¿En qué se diferencia del turismo de masas?
- Proponed maneras diferentes de pasar vuestras vacaciones que sean respetuosas con la naturaleza.

Forma palabras con el teclado

Con las letras de este teclado debes componer el nombre de dos ríos, dos cordilleras y dos picos de España.

Puedes emplear las letras que tienen un número debajo tantas veces como indica el número en cada tecla, pero no debe quedar ninguna letra sin utilizar.

A 6	B 1	C 3	D 1
E 5	I 3	J 1	L 1
N 3	O 3	P 1	R 4
S 1	T 3	U 2	V 1

? ? C ? ?

? ? ? T ? ? ? ? ? ?

? ? ? ? T ?

? N ? ? ?

? I ? ? ? ? ? ?

? ? ? ? O

Juguemos al Trivial

Dividid la clase en seis grupos. Cada grupo debe imprimir una ficha con seis preguntas sobre lo que hemos estudiado en este tema. Cada pregunta debe estar señalada con el color que le corresponda según el aspecto que trate (relieve, ríos, clima...).

- ¿Qué territorio ocupa más de la mitad de la Península?
- ¿Cuál es el pico más alto de Europa?
- ¿Cuál es el río más largo de España?
- ¿Qué río navegable nace en Rusia y desemboca en el Caspio?
- ¿Qué clima se da en la costa atlántica?
- ¿En qué paisaje la actividad turística es muy intensa?

En el dorso de la ficha debéis escribir las respuestas:

- La Meseta
- El pico Elbrus
- El río Tajo
- El río Volga
- El clima oceánico / atlántico
- En el paisaje mediterráneo

Normas del juego. Comenzar a jugar siguiendo estas reglas:

Empieza el grupo 1, que hará las preguntas de una de sus fichas a los miembros del grupo 2. Cada respuesta acertada obtiene un punto, que equivale a un quesito.

A continuación, el grupo 2 pregunta al grupo 3, y así sucesivamente hasta que todos los grupos acaben todas las fichas. Gana la partida el grupo que haya contestado bien más preguntas.

- Relieve de España
- Relieve de Europa
- Ríos de España
- Ríos de Europa
- Clima y vegetación de España y de Europa
- Paisajes humanizados de España

Ya sé...

1. Copia y completa en tu cuaderno:

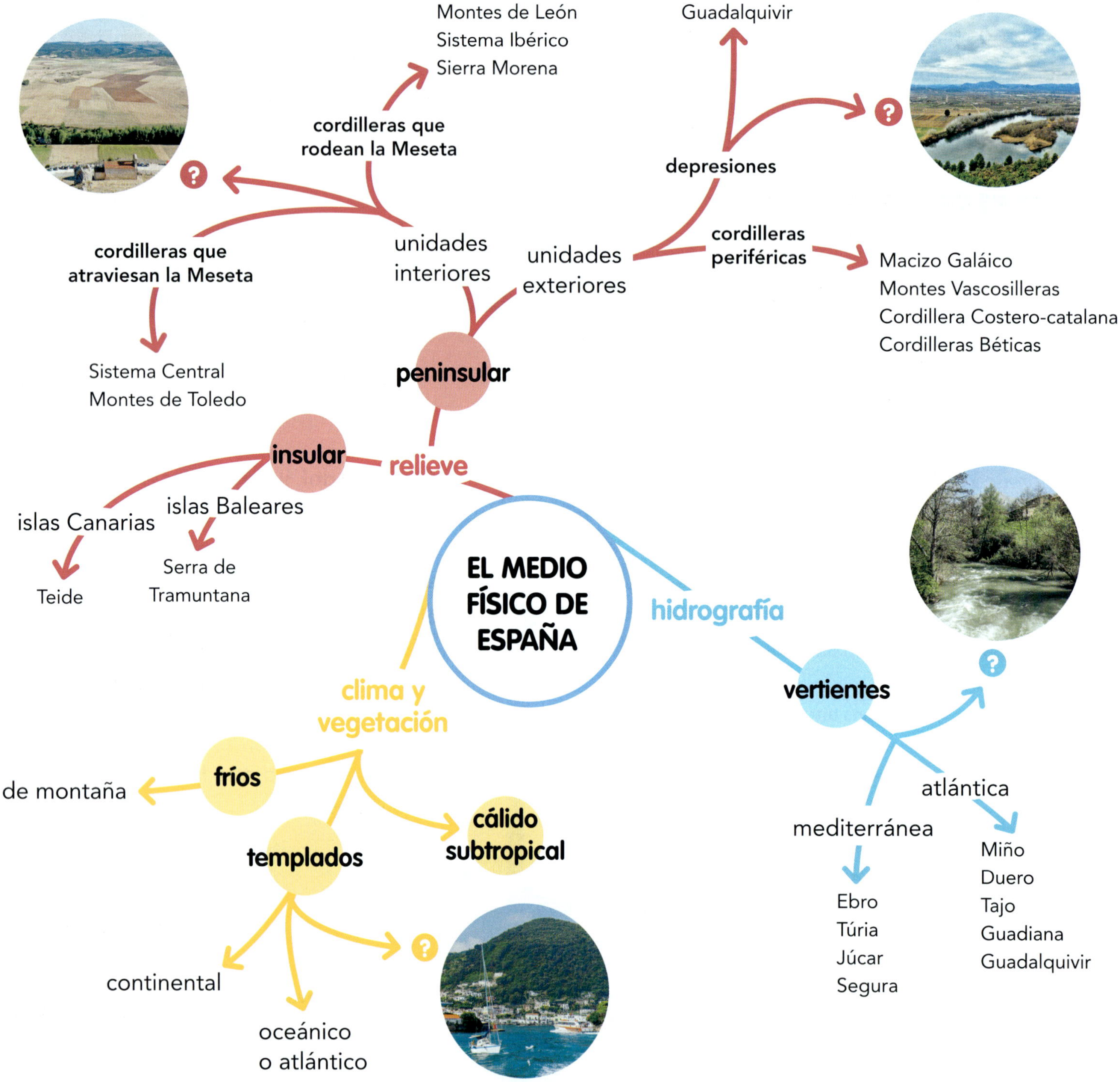

2. Escribe una redacción:

- Redacta un breve texto en el que expliques qué tipo de paisajes existen en España.
- Para ello, utiliza estos conceptos: clima, vegetación, relieve, actividades del ser humano, paisaje natural, subtropical, mediterráneo, atlántico y de montaña.

3. Copia y completa en tu cuaderno estas frases sobre el medio físico de España:

- El relieve español comprende el relieve peninsular, formado por las unidades ___ y ___, y el relieve ___ que corresponde al de los archipiélagos de ___ y ___.
- Las unidades ___ del relieve están formadas por la ___ y las ___ que la rodean.
- Las unidades exteriores incluyen las ___ y dos grandes ___, la del Ebro y la del ___.
- En general, las costas peninsulares son ___ y ___ en el Norte, y ___ y ___ en el Sur.
- Los ríos peninsulares se dividen en tres vertientes hidrográficas: la ___, la ___ y la ___.
- En España hay ___ tipos de clima: el ___, el ___, el ___, el ___ y el ___ de Canarias, asociados a unos tipos de vegetación propios que generan diferentes ___.

4. Copia y completa en tu cuaderno estos cuadros sobre el relieve de Europa:

RELIEVE INTERIOR		
Cordilleras	Mesetas	Llanuras
___	___	___

RELIEVE LITORAL			
Golfos	Cabos	Penínsulas	Estrechos
___	___	___	___

5. Elabora un cuadro en tu cuaderno e incluye en él los siguientes ríos europeos organizados por vertientes. Destaca con un color diferente los que pertenecen a España:

- Tajo
- Pechora
- Ródano
- Po
- Volga
- Danubio
- Rin
- Don
- Ebro
- Elba
- Guadalquivir
- Dniéper
- Oder
- Sena
- Duero
- Dvina Septentrional

Valoro mi aprendizaje

- Reconozco las unidades del relieve de España y de Europa.
- Identifico en un mapa los principales ríos españoles y europeos según sus vertientes hidrográficas.
- Relaciono los tipos de climas de España y de Europa con la vegetación.
- Sé diferenciar los distintos espacios naturales protegidos.
- Comprendo como se representa la altitud en un mapa.

1 Nada
2 Muy poco
3 Ni mucho ni poco
4 Mucho
5 Muchísimo

¡No te olvides de pasar por el Gimnasio para practicar algunos ejercicios! ¡clic! ¡clic!

Los países de Europa

A lo largo de la historia, Europa ha tenido diferentes divisiones territoriales como consecuencia de las guerras y los acontecimientos políticos.

La Europa política

Actualmente, Europa está formada por 47 países, en los que viven unos 720 millones de personas. Más de la mitad de estos países forman parte de la Unión Europea.

Algunos aspectos generales que diferencian los países de Europa son:

- La **extensión**. Si comparamos los países europeos con los de otros continentes, veremos que algunos son **muy pequeños**, como Mónaco, Ciudad del Vaticano, Liechtenstein, Andorra y San Marino.

  El país más grande es Rusia, aunque solo una parte de su territorio pertenece a Europa, ya que está dividido entre Europa y Asia, y lo mismo ocurre con Turquía.
- El **nivel de desarrollo económico**. No todos los países europeos tienen igual desarrollo económico. Por lo general, el nivel de riqueza de los países de la Europa Occidental es mayor que el de los países de la Europa Oriental.
- La **diversidad cultural**. Los países de Europa reúnen costumbres, tradiciones y lenguas diferentes. Estas diferencias sumadas a las tradiciones que nos llegan de las personas procedentes de países no europeos aumentan esa diversidad cultural.

1. ¿Cuántos países forman Europa? ¿Cuál es la población del continente europeo?
2. ¿Cuál es el país europeo de mayor extensión? ¿Cuáles son los más pequeños?
3. ¿Qué aspectos diferencian los países europeos?
4. Localiza en un mapa mudo los países europeos. Dibuja en tu cuaderno un cuadro como el que tienes a continuación y complétalo con los nombres de los países, los de sus capitales y cuáles pertenecen a la Unión Europea.

País	Capital	¿Pertenece a la UE?

LOS PAÍSES DE LA UNIÓN EUROPEA (UE)			
Alemania	Eslovaquia	Hungría	Países Bajos
Austria	Eslovenia	Irlanda	Polonia
Bélgica	España	Italia	Portugal
Bulgaria	Estonia	Letonia	Reino Unido*
Chipre	Finlandia	Letonia	Rep. Checa
Croacia	Francia	Luxemburgo	Rumania
Dinamarca	Grecia	Malta	Suecia

* Reino Unido en proceso de salida de la Unión Europea (*brexit* 2019).

2 ¿Qué producimos?

Vas a aprender a...

- conocer cómo son los sectores económicos de España
- identificar las principales características de las actividades económicas en Europa
- valorar los recursos económicos que consumimos
- elaborar un mapa temático
- identificar el impacto que provoca el ser humano con sus acciones sobre el medioambiente

Así se fabrica un coche

Desde que Henry Ford instaurase la cadena de montaje para fabricar vehículos, el proceso ha evolucionado tanto que, hoy en día, el montaje completo de cada coche dura 20 horas; y de la cadena sale un coche cada 69 segundos.

Los procesos en la cadena de montaje de un coche son:

- Se estampan las piezas metálicas planas y se corta el exceso de metal, se les da curvatura y se les hacen los agujeros.
- Se clasifican los distintos componentes para su distribución en las distintas zonas de montaje.
- En el área de soldadura, los robots encajan las piezas de la carrocería, el chasis y la plataforma para construir el coche.
- En el horno de pintura, la carrocería se prepara para que los robots puedan dar al coche la capa de color definitiva.
- Se retiran las puertas para facilitar el montaje del motor y se instalan otros componentes (cableado, ejes, transmisión...).
- Ya en la fase final de la cadena de montaje, se "viste"el cuerpo del coche: mécanicos y robots colocan las piezas de plástico, las luces, las ruedas y los cristales.
- Se completa el acabado interior con asientos, volante, cinturones..., se vuelven a instalar las puertas y se inyectan los fluidos (carburante, líquido de frenos...).
- Antes de abandonar la cadena de montaje, cada vehículo es revisado para comprobar que todo está en orden.
- Finalmente, a cada coche se le realizan unas pruebas de calidad eléctricas y mecánicas.

"Así se fabrica un coche cada 69 segundos" (adaptación), 6 de octubre de 2017, *ABC*. Web [Consulta: 12 de junio de 2019].

1. **Explica qué son los robots y para qué los utilizan en las fábricas de coches como la de la lectura.**

Pienso

- ¿Recuerdas qué es la producción en serie?
- ¿Podrías decir algunos productos que utilicen este tipo de producción?

Me interesa

- ¿Sabes qué es una cadena de montaje? Busca en Internet qué consiguió Henry Ford en sus fábricas a principios del siglo XX.

Reflexiono

- En un futuro, si tuvieras un robot en tu casa, ¿qué trabajos le encargarías?

El sector primario en España

Una agricultura sin agricultores

El sector primario agrupa los trabajos relacionados con la obtención de productos de la naturaleza (agricultura, ganadería y pesca) y la extracción de materias primas (minería).

Hoy en día, este sector supone el 2,9 % del total de la productividad de España, y el 4,2 % de la población activa.

La agricultura

Más de tres cuartas partes de la tierra que se cultiva en España se dedica al cultivo de **secano**, pero es en el cultivo de **regadío** donde se obtiene mayor productividad.

La producción se ha modernizado mucho gracias al cultivo en **invernaderos**, la aplicación de técnicas informáticas para el riego y el control del crecimiento de las plantas.

También han aumentado los **productos ecológicos**, en los que España es líder de la UE en superficie agraria y en producción (17 % del total).

La ganadería

La ganadería ha mejorado mucho en los últimos años. Los ganados **porcino** y **avícola** son los más extendidos en España. Ambos han alcanzado un elevado nivel de industrialización y de intensificación de la producción.

El ganado **ovino**, muy importante en el centro peninsular, se ha especializado en la producción de carne y leche (queso).

La pesca

España cuenta con una importante flota pesquera:

- La **pesca de bajura**, en caladeros cercanos a la costa, donde abundan las sardinas, merluzas, pescadillas, boquerones, bonitos, gambas, calamares y pulpos.
- La **pesca de altura**, con barcos congeladores en caladeros lejanos, que es la que tiene mayor volumen. Destaca la pesca del pez espada, el atún rojo, el albacora, el mero...

La minería

La **producción minera** es poco importante. Se localiza principalmente en Andalucía (cobre, plomo, zinc, yeso y mármol), Asturias (carbón, oro y antracita), Castilla y León (carbón, pizarra y wolframio), Galicia (granito, pizarra...) y Cataluña (rocas industriales).

Población ocupada por sectores en 2018

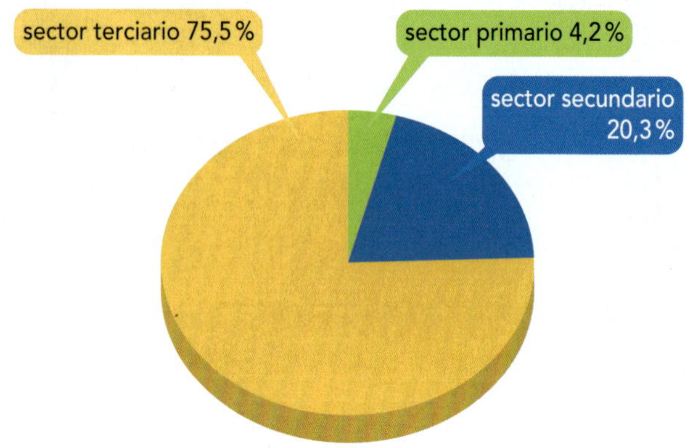

Secano	Regadío
Cereales (trigo, cebada, avena)	Cereales (arroz, maíz)
Vid	Frutas (naranja, mandarina, melocotón, manzana)
Olivo	Hortalizas (espárrago, lechuga, cebolla, tomate)

La ganadería intensiva

En España, el ganado porcino y el ganado avícola, así como el ganado vacuno destinado a la obtención de leche, se crían, mayoritariamente, en granjas de manera intensiva.

En ellas, los animales son alimentados de forma artificial a base de piensos y forrajes, y se emplea una tecnología avanzada en su cuidado.

La agricultura, la ganadería y la pesca en España

España atlántica

Predominan los bosques, los pastos y la ganadería. La pesca tiene un papel muy importante en Galicia.

España interior

Los cultivos principales son los cereales, la vid, el olivo y las hortalizas. El ganado que predomina es el ovino, el porcino y el bovino.

España mediterránea

Son tierras de cereales, vid, olivo, hortalizas y cítricos. El ganado porcino y avícola es muy numeroso. Los puertos pesqueros de Andalucía tienen gran relevancia.

Canarias

Predominan los regadíos litorales y los secanos en el interior. También producen buenas cosechas los cultivos de invernadero. En ganadería abundan las cabras. Tiene un importante número de puertos pesqueros.

▸ Observo y localizo

1. Observa el mapa e indica en qué zonas de España destacan los cultivos siguientes: *arroz*, *olivo*, *plátano*, *vid*, *cítricos*, *girasol*, *patata*, *cereales* y *forraje*.
2. Señala, asimismo, qué productos agrícolas y qué tipo de ganadería son los que predominan en tu Comunidad Autónoma.
3. ¿Sabes qué es la agricultura ecológica? Busca información de qué requisitos debe cumplir un producto para ser considerado ecológico. ¿Qué ventajas aportan los productos ecológicos al consumidor?
4. Observa en **www.tiching.com/773958** el vídeo sobre la agricultura intensiva en Almería. ¿Qué innovaciones se han introducido en la nueva agricultura? ¿Cuáles son sus objetivos? ¿Y sus resultados? ¿Cómo se protege el medioambiente?

El sector secundario en España

El sector secundario agrupa a todas las industrias que se dedican a la transformación de los productos naturales y a la producción de energía.

La construcción también se incluye en este sector. Es uno de los sectores más dinámicos y que más empleos proporciona de la economía española.

Las principales industrias

En España, la industria se localiza en lugares con buenas vías de comunicación y transportes, así como con mano de obra cualificada y accesible para trabajar.

Las zonas de mayor concentración industrial son: la Comunidad de Madrid, el País Vasco, Cataluña y la Comunitat Valenciana.

Las principales actividades industriales de España son:

- La **industria de la metalurgia** (obtención y tratamiento de los metales) y la de **productos metálicos** (herramientas, piezas para la construcción, maquinaria...).
- La **industria derivada del petróleo** (pinturas, plásticos...) y la **industria química** (medicamentos).
- La **industria de los transportes** (automóviles, camiones, vagones de trenes, piezas de aviones...). España es el noveno productor mundial de automóviles y el segundo de Europa (el 92 % de esta producción se exporta).
- La **industria agroalimentaria**, como la producción de vinos, conservas, lácteos y embutidos.

Población ocupada en industria en 2018

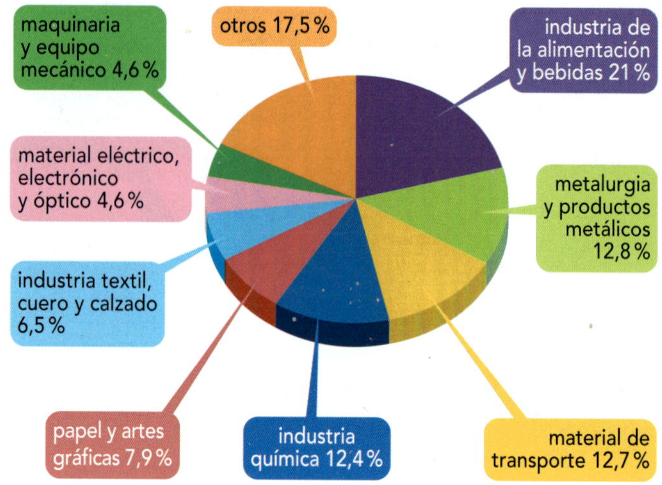

FABRICACIÓN DE AUTOMÓVILES EN EUROPA EN 2017		
	Países	Unidades
1	Alemania	5 120 409
2	España	2 764 067
3	Francia	2 269 000
4	Reino Unido	1 583 450
5	Italia	995 807

La energía

España debe importar el 77 % de la energía que consume a partir de **recursos energéticos no renovables** como petróleo, gas natural, uranio y carbón mayoritariamente.

Por el contrario, España posee **energías renovables**, como la solar, la eólica y la hidráulica. La energía eólica es muy importante para España, ya que es el segundo productor europeo de este tipo de energía, después de Alemania. El 21 % del consumo eléctrico español proviene de la energía eólica.

Consumo de energía en España en 2017

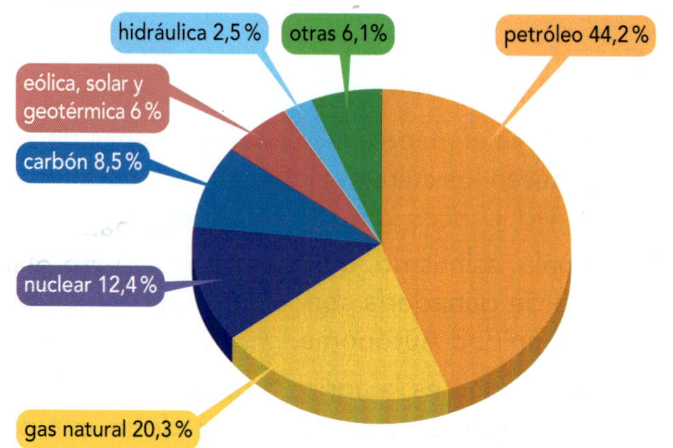

La industria en España

Observo y localizo

5. Observa el mapa y describe cuáles son las industrias más expandidas por España. ¿Cuáles son las Comunidades Autónomas que tienen mayor concentración industrial?

6. Copia y completa el cuadro relacionando las materias primas de la lista con el producto elaborado que se obtiene de ellas y con la industria que se encarga del proceso de transformación:
   - Materias primas: algodón, leche, madera, hierro, petróleo, aluminio, arcilla, caucho.
   - Productos elaborados: queso, acero, rueda, avión, gasolina, ladrillo, camiseta, mesa.
   - Industrias: automovilística, siderúrgica, textil, transportes, construcción, del mueble, alimentación, petroquímica.

Materia prima	Producto elaborado	Industria

Elaborar un mapa temático

Un mapa temático es aquel que muestra la distribución de un fenómeno concreto (distintos tipos de climas, distribución de la industria, relaciones comerciales, etc.) en un determinado espacio geográfico.

Estos mapas están compuestos por dos elementos fundamentales: el mapa base y el contenido temático.

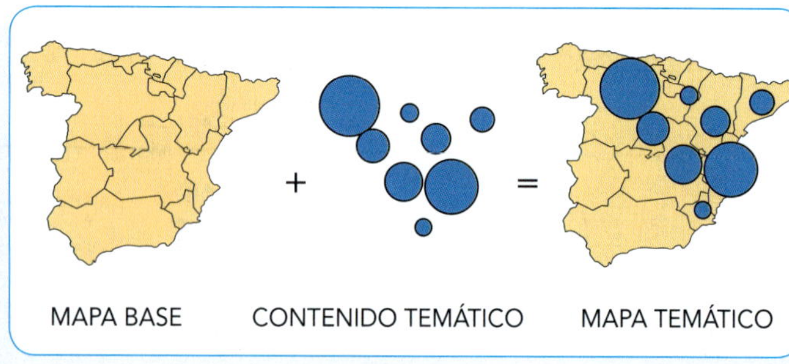

Estructura de un mapa temático.

Comprendo un mapa temático

1 Comprender el mapa de la Alta Velocidad Española

La red de Alta Velocidad Española (AVE) se inauguró en 1992 con la línea que une Madrid y Sevilla. Hoy en día, la alta velocidad supera los 3000 kilómetros construidos, siendo España el segundo país del mundo con mayor kilometraje, solo por detrás de China.

En el año 2013, esta red ferroviaria española se unió a la francesa a través de la línea de Alta Velocidad Perpiñán-Figueres, que permite conectar España con los países de la Unión Europea.

Para saber más sobre los mapas temáticos, entra en:
www.tiching.com/774777

La red de Alta Velocidad Española (2018)

7. Describe el mapa:
   - ¿Cuál es el mapa base?
   - ¿Qué contenido temático se ha añadido? ¿Cómo está representado?
   - ¿De qué año es el mapa?
8. Analiza el contenido:
   - ¿Qué tramos están en funcionamiento?
   - ¿Cuáles están en construcción o proyectados?
   - ¿Qué estructura tiene la red de alta velocidad?
9. Valora a partir de la información:
   - ¿Qué beneficios crees que comporta para la población y la economía la existencia de una red ferroviaria de alta velocidad?

2 Elaborar el mapa de la industria española

Realiza un mapa temático sobre las principales industrias en España.

- Como mapa base utilizarás uno que refleje la división por Comunidades Autónomas de España.
- Después deberás añadir tres contenidos temáticos: las regiones industriales, los principales centros industriales y la localización de los diferentes tipos de industria.

La industria en España

- zonas industriales
- • núcleos industriales
- metalurgia
- derivados del petróleo y química
- material de transporte
- maquinaria y herramientas
- materiales para la construcción
- electrónica
- madera, papel y artes gráficas
- textil, calzado y cuero
- agroalimentaria

10. Crea el mapa base:
- Copia en tu cuaderno la plantilla de un mapa como el de la muestra.
- Añade el nombre de los mares, océano y límites de España.

11. Añade los diferentes contenidos temáticos:
- Pinta del color señalado en la leyenda las principales regiones industriales de España.
- Consulta el mapa del tema y escribe el nombre de los principales centros industriales.
- Consulta de nuevo el mapa del tema y dibuja en su lugar correspondiente dónde se sitúan los principales tipos de industria que muestra la leyenda.

12. Completa la información:
- Dibuja la leyenda.
- Escribe el título y el año que tendrá el mapa.

Aplico lo aprendido

13. Como ya sabes, existen diferentes tipos de mapas: físicos, políticos y temáticos. Busca en los distintos temas del libro tres ejemplos de cada tipo e indica qué información ofrecen.

14. En el caso de los tres mapas temáticos que has encontrado, explica con detalle los distintos fenómenos concretos que se muestran en cada uno de ellos.

El sector terciario en España

El sector terciario o de servicios está formado por las actividades que no crean productos, sino que dan servicios a las personas: comercio, transporte, turismo, educación...

Busco y defino:
- finanzas
- comercio electrónico

La prestación de servicios

El gran crecimiento del sector terciario en España se debe, en parte, al desarrollo de la **sanidad** y la **educación**.

También ha aumentado el número de trabajadores y trabajadoras de las **administraciones públicas**, de las **finanzas** (bancos) y de las **actividades culturales y deportivas**.

La actividad comercial

El comercio es el sector más importante de la economía española después del turismo.

En el **comercio interior** destaca el pequeño comercio, que está en retroceso por el aumento de las grandes superficies comerciales y del comercio electrónico.

El **comercio exterior** se lleva a cabo, sobre todo, con países que pertenecen a la Unión Europea (Francia, Alemania, Italia, Reino Unido –*brexit* 2019– y Portugal) y con América del Sur, Japón, China, Marruecos y Estados Unidos.

Los combustibles minerales (petróleo, gas...) son la principal importación, mientras que los productos agroalimentarios son la principal exportación.

Los transportes

El **transporte por carretera** es el que mueve en España mayor cantidad de personas y mercancías. En los últimos años, la ampliación y las mejoras de la red de autopistas y autovías ha estimulado la utilización de este medio.

La **red de ferrocarriles** se ha expandido gracias a la red de alta velocidad, la de mayor extensión de Europa, con 3240 km.

El **transporte marítimo** traslada numerosos pasajeros y mercancías entre la Península, las islas, Ceuta y Melilla. Además, los puertos de Valencia, Algeciras y Barcelona reciben gran cantidad de contenedores.

España cuenta con un gran número de aeropuertos, muchos de los cuales son internacionales, destacando por número de pasajeros los de Madrid, Barcelona, Gran Canaria, Málaga, Tenerife y Palma.

Población ocupada en servicios en 2018

Los problemas del comercio electrónico

El comercio electrónico consiste en comprar productos o servicios a través de Internet. El pago se realiza con tarjeta de crédito u otros medios electrónicos, y un transportista lleva la mercancía al domicilio del comprador.

En España, casi nueve de cada diez envíos de comercio electrónico se entregan a domicilio. Esto genera millones de desplazamientos para transportar los paquetes hasta los lugares pactados con los clientes.

Este aumento de las entregas a domicilio tiene consecuencias negativas para el medioambiente (deterioro de la calidad del aire) y para el tráfico de las ciudades (aumento de la circulación de vehículos y de los estacionamientos en lugares no deseados).

Los transportes en España

Observo y localizo

15. ¿Qué sector tiene mayor peso en la economía española? ¿Es también el que ocupa a mayor número de personas? Razona el porqué de ambas preguntas.

16. Enumera cinco actividades del sector servicios que no estén relacionadas con el comercio, el transporte y el turismo.

17. Observa el mapa:
   - ¿Cómo es la estructura de la red de carreteras y la de ferrocarril?
   - Anota los nombres de los principales puertos. Localiza los aeropuertos más importantes.

18. ¿Qué actividades económicas se ven favorecidas por el desarrollo de los transportes?

El turismo en España

España es el tercer país del mundo, tras Francia y Estados Unidos, que recibe un mayor un número de turistas extranjeros. En 2018 fue visitado por 82,8 millones de turistas extranjeros.

El turismo es una de las actividades más importantes de la economía española porque estimula a otras, como la hostelería (restaurantes, hoteles, etc.) y el ocio (museos, instalaciones deportivas, etc.), que crean muchos puestos de trabajo.

Los principales atractivos para el turista son el clima, la variada oferta de destinos de playa y montaña, la oferta cultural y la gastronomía. También tiene su influencia el auge de las compañías aéreas de bajo coste y de los cruceros, así como unos precios más económicos que los de otros destinos similares.

Las zonas turísticas de España

Los problemas del turismo

Pese a sus efectos positivos sobre la economía, el turismo conlleva una serie de problemas que hay que tener en cuenta para disminuir su impacto:

- La destrucción del medioambiente debido a la densificación urbanística de las zonas turísticas.
- El aumento de la contaminación por los vehículos, cruceros, aviones…
- La generación de puestos de trabajo muy estacionales y, en ocasiones, con sueldos bajos.
- Las molestias causadas a la población de las zonas turísticas, que sufren la densificación y el aumento de precios.

Cada año visitan la Alhambra de Granada cerca de tres millones de turistas.

La Sagrada Familia de Barcelona es la iglesia más visitada de Europa tras la basílica de San Pedro del Vaticano.

Turismo de costa

El **buen clima**, con tiempo soleado y temperaturas elevadas sobre todo en verano, los **kilómetros de costa** y la **calidad de las playas** hacen que muchos turistas lleguen a España para gozar de unas vacaciones en la playa.

La mayor oferta de plazas hoteleras se concentra en Illes Balears, Cataluña, Andalucía y Canarias.

Turismo rural y natural

El turismo natural atrae a numerosos visitantes, que aprovechan la gran cantidad de espacios naturales que ofrece el país.

Este tipo de turismo acostumbra a combinar la **observación de la naturaleza** con otras actividades, como el senderismo o el ciclismo. También se suele asociar al conocimiento de la **vida rural** y **tradicional**.

Las caminatas por la montaña acercan la naturaleza a los visitantes.

Turismo cultural

Además, hay que tener presente el turismo cultural, centrado en **zonas de interés histórico y artístico**: los turistas visitan **museos**, participan de las tradiciones y costumbres locales, y también de la **gastronomía**.

La gastronomía española se ha convertido en una de las más apreciadas del mundo.

Comprendo y explico

19. ¿Qué importancia tiene el turismo en España? ¿Qué atractivos turísticos tiene?

20. Observa el mapa y enumera:

- ¿Cuáles son las zonas de mayor intensidad turística de España?
- ¿Qué ciudades tienen un importante patrimonio histórico-artístico?

21. Debatid en parejas qué problemas pueden derivarse del turismo multitudinario. ¿Alguno os afecta directamente? ¿Qué medidas creéis que se podrían tomar para minimizarlos?

22. Indica a qué tipo de turismo corresponden las actividades siguientes:

- Sumergirse para observar el fondo marino.
- Pasar una semana de agosto en un complejo hotelero en primera línea de mar.
- Visitar las ruinas de una ciudad romana.
- Hacer una ruta caminando por un parque natural y alojarse en uno de sus refugios.

23. Imagina que unos amigos extranjeros te visitan durante una semana. ¿A qué lugares los llevarías de visita? ¿Por qué los has elegido?

Las actividades económicas en Europa

Europa es una de las grandes potencias económicas del mundo. Su población representa el 10 %, y su riqueza, el 30 %.

El sector primario

Es uno de los más productivos del mundo por estar **altamente tecnificado** y **especializado**. Además, ocupa a pocas personas y obtiene unos altos rendimientos.

La **agricultura** tiene **excedentes** de casi todos los productos y la UE ayuda a los agricultores a garantizar la calidad de los alimentos y a promover métodos de cultivo respetuosos con el medioambiente.

La **ganadería** es mayoritariamente intensiva y se desarrolla en granjas especializadas con razas seleccionadas. Destaca la cría de bovino y también el ganado porcino, ovino y avícola.

El sector secundario

La industria europea produce, sobre todo, bienes de alto valor tecnológico. A ello ha contribuido una extensa red de transportes, un alto nivel de inversión, el elevado nivel de renta de su población y una mano de obra muy cualificada.

En las últimas décadas se está dando un proceso de **deslocalización** por el cual las fábricas se instalan en países menos desarrollados por la mano de obra más barata, el pago de menos impuestos y menor control medioambiental.

Los sectores fundamentales son la siderometalurgia, la industria química, las industrias de bienes de equipo, la construcción naval y la industria de bienes de consumo.

El sector terciario

Es el más importante de la economía europea. Destacan las actividades relacionadas con los **servicios financieros** y **empresariales** y el **comercio**. Europa es uno de los grandes **conjuntos exportadores** del mundo y el **comercio al por menor** está organizado en torno a grandes cadenas.

También el **turismo** y el **transporte** son actividades importantes. La **red viaria** es densa y rápida en la UE y los países escandinavos, el **tráfico aéreo** es muy intenso y la **red de telecomunicaciones** es clave entre las del resto del mundo.

Asimismo, destaca la **Administración del Estado**, que ocupa a mucha población y presta un gran número de servicios.

Población ocupada por sectores en 2018

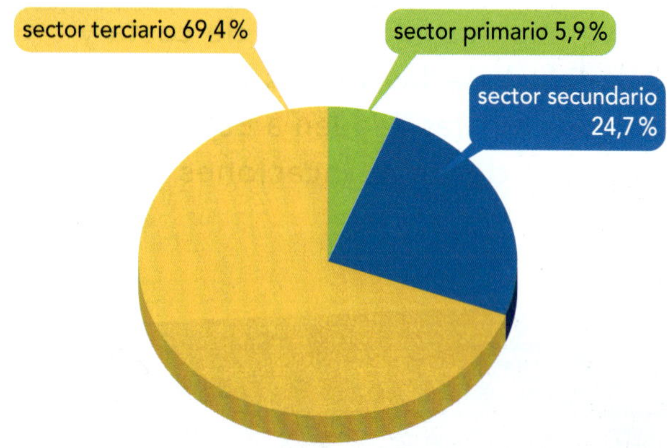

¿Qué se cultiva en Europa?

Los cultivos herbáceos ocupan el 61% de las hectáreas de la superficie agrícola utilizada en la UE. Se cultivan:

- En la zona atlántica: plantas forrajeras y cereales.
- En el interior del continente: cereales, patatas y remolacha.
- En la zona mediterránea: trigo, vid, olivos, hortalizas y frutas.

La industria química es uno de los sectores industriales más importantes y activos de la UE.

Observo y localizo

24. Explica cómo es la economía europea y por qué está entre las más avanzadas del mundo.

25. ¿Por qué el sector primario ocupa a muy poca población en Europa y, en cambio, es altamente productivo?

El sector secundario en Europa

Centro industrial de Europa

Está formado por el territorio comprendido entre Londres, París, Milán, Múnich y Hamburgo.

Agrupa las áreas de mayor actividad industrial y las más avanzadas tecnológicamente.

Regiones del centro y Este de Europa

Estos países incorporados recientemente a la UE presentan una actividad industrial de escasa intensidad tecnológica y abundante mano de obra.

Regiones bálticas y mediterráneas

Existen zonas altamente industrializadas que han llevado a cabo un proceso de especialización y renovación industrial.

26. Compara el gráfico de la población europea por sectores y el de la población española del primer apartado. ¿Qué diferencias y semejanzas puedes establecer?

27. ¿Por qué en Europa muchas empresas están deslocalizando su producción?

28. Observa el mapa de la industria y responde:

– ¿Qué regiones industriales destacan en Europa? ¿Cómo pueden clasificarse según su nivel tecnológico?

– ¿Cuáles son los principales productos industriales que se elaboran?

Me hago preguntas

El impacto humano sobre el medio

El medio natural (o medioambiente) está formado por el conjunto de seres vivos (plantas, animales...) y no vivos (suelo, agua, aire...) que existen en la Tierra.

¿Qué degrada el medio natural?

Desde hace poco más de dos siglos, el aumento de la población mundial y el desarrollo de la agricultura, la industria y las comunicaciones han originado un incremento de las acciones humanas que deterioran el medioambiente.

Las acciones del ser humano que más degradan la naturaleza pueden englobarse en tres categorías: la **contaminación**, la **sobreexplotación** y la **deforestación**.

¿Cómo nos afecta el cambio climático?

Las fábricas y los transportes emiten una serie de gases a la atmósfera, los llamados **gases de efecto invernadero**, que provocan cambios en el clima:

- La **temperatura de la Tierra aumenta**, lo que provoca la fusión de los hielos polares y un aumento del nivel del mar.
- El ritmo de las **precipitaciones varía**, y son muy frecuentes los episodios de inundaciones y sequías.
- Los **ecosistemas se modifican**, con cambios muy acusados en las especies animales y vegetales.

Todo ello puede tener graves consecuencias a medio plazo que afecten a las generaciones futuras.

Alteraciones del medio natural

La deforestación

Es la destrucción de la superficie forestal por la tala o la quema de los bosques con el fin de obtener madera o conseguir suelo para la agricultura, la minería y la ganadería.

Extraigo conclusiones

29. ¿Qué es la degradación del medio natural? ¿Por qué ocurre? ¿Qué acciones la provocan?
30. ¿Crees que para satisfacer las necesidades humanas se tiene que producir la degradación ambiental? ¿Por qué?
31. Observa el dibujo e identifica las acciones del ser humano que están marcadas con un número y que degradan el medioambiente. Clasifícalas según sean de contaminación, sobreexplotación o deforestación.

La contaminación

Es la introducción de sustancias perjudiciales en el aire (emitir gases a la atmósfera), el agua (verter residuos a los ríos o mares) o el suelo (abusar de pesticidas y abonos químicos).

Busco y defino:

- medio natural
- deforestación
- sobreexplotación
- contaminación
- cambio climático
- ecosistema

La sobreexplotación

Consiste en un aprovechamiento tan intenso de los recursos naturales que pueden agotarse (petróleo) o impedir su normal reproducción (peces).

Entrevistamos a trabajadores de diferentes sectores

El objetivo de la actividad es entrevistar, a partir de un cuestionario elaborado por los alumnos y las alumnas, a personas que trabajen en los diferentes sectores económicos.

Estructura grupal: se dividirá la clase en grupos de seis.

Funciones o roles de los miembros del grupo:

Coordinador o coordinadora: recibe las instrucciones del docente y controla el tiempo.

Portavoz: es la persona que habla durante la puesta en común.

Secretario o secretaria: se encarga de las tareas escritas de todo el grupo.

Tiempo: 90 minutos.

Material: bloc de notas, grabadora o móvil.

1. **Escoger y buscar al entrevistado**. Cada miembro del grupo elige uno de los sectores económicos y busca una persona de su entorno que trabaje en él.

   En total, el grupo realizará seis entrevistas: dos a personas que se dediquen a una actividad del sector primario, otras dos personas del sector secundario, y dos más a personas del terciario.

2. **Elaborar un cuestionario de preguntas.** Para realizar la entrevista, elaborad un cuestionario con preguntas que sirvan para los entrevistados de todos los sectores. En el cuestionario incorporar:

   Cuestiones personales: edad, profesión, familiares a su cargo, años trabajados, estudios realizados...

   Cuestiones laborales: tipo de trabajo, empresa donde lo realizan, descripción de la jornada laboral...

   Valoración personal: importancia del trabajo, qué es lo que más les gusta, aspectos que cambiarían...

   Elementos gráficos: completa la entrevista con alguna imagen del entrevistado o del tipo de trabajo que realiza y explica mediante un pie la imagen.

Inicio de la entrevista con Inés, mi vecina, que trabaja como administrativa en una academia de idiomas.

3. **Realizar la entrevista.** Grabad la información que aporta el entrevistado y después transcribid las respuestas en el cuestionario.

4. **Votar y elegir dos entrevistas**. Elegid dos entrevistas de entre las seis de cada grupo y el portavoz expondrá al resto de la clase el porqué de la elección de las dos entrevistas.

Debate final

- ¿Qué os ha parecido la actividad? ¿Habéis participado todos por igual? ¿Ha sido difícil encontrar a personas para ser entrevistadas?
- ¿Os ha parecido interesante la entrevista que habéis realizado? ¿Por qué? ¿Qué trabajos os han parecido más interesantes?

Jugando también se aprende

Descubre las palabras

Descarta una de las sílabas de cada grupo y, con el resto, forma una palabra relacionada con las actividades económicas.

Una vez que hayas descubierto las palabras, escribe una frase con cada una de ellas.

DE · NAN · RUR · SI · GIA

CIÓN · CA · TE · E · DU

RÍS · TI · TE · CA · TU

DE · NA · A · RÍ · CA · GA

CUN · GRÍ · RIO · SE · DA

GRÍ · CO · A · DE · LA

RRIL · CIÓN · RRO · CA · FE

Pon en orden las viñetas

Observa las imágenes sobre cómo se fabrica un lápiz. ¿Sabes qué texto corresponde a cada una de ellas? A continuación, ordena el proceso de producción industrial del lápiz.

1. Una máquina se encarga de colocar una mina en cada una de las hendiduras.
2. Las tablillas se cortan para formar los lápices. Finalmente, el lápiz se pinta.
3. El grafito, la arcilla y el agua se mezclan hasta obtener una pasta que será la mina del lápiz.
4. La pasta se estira en unos cilindros, se corta en tiras y se hornea para endurecerla.
5. Una prensa se encarga de colocar otra tablilla, también con hendiduras encima.
6. Para realizar la cubierta se cortan finas tablillas de madera y se les practica una hendidura.

Ya sé...

1. Copia y completa en tu cuaderno:

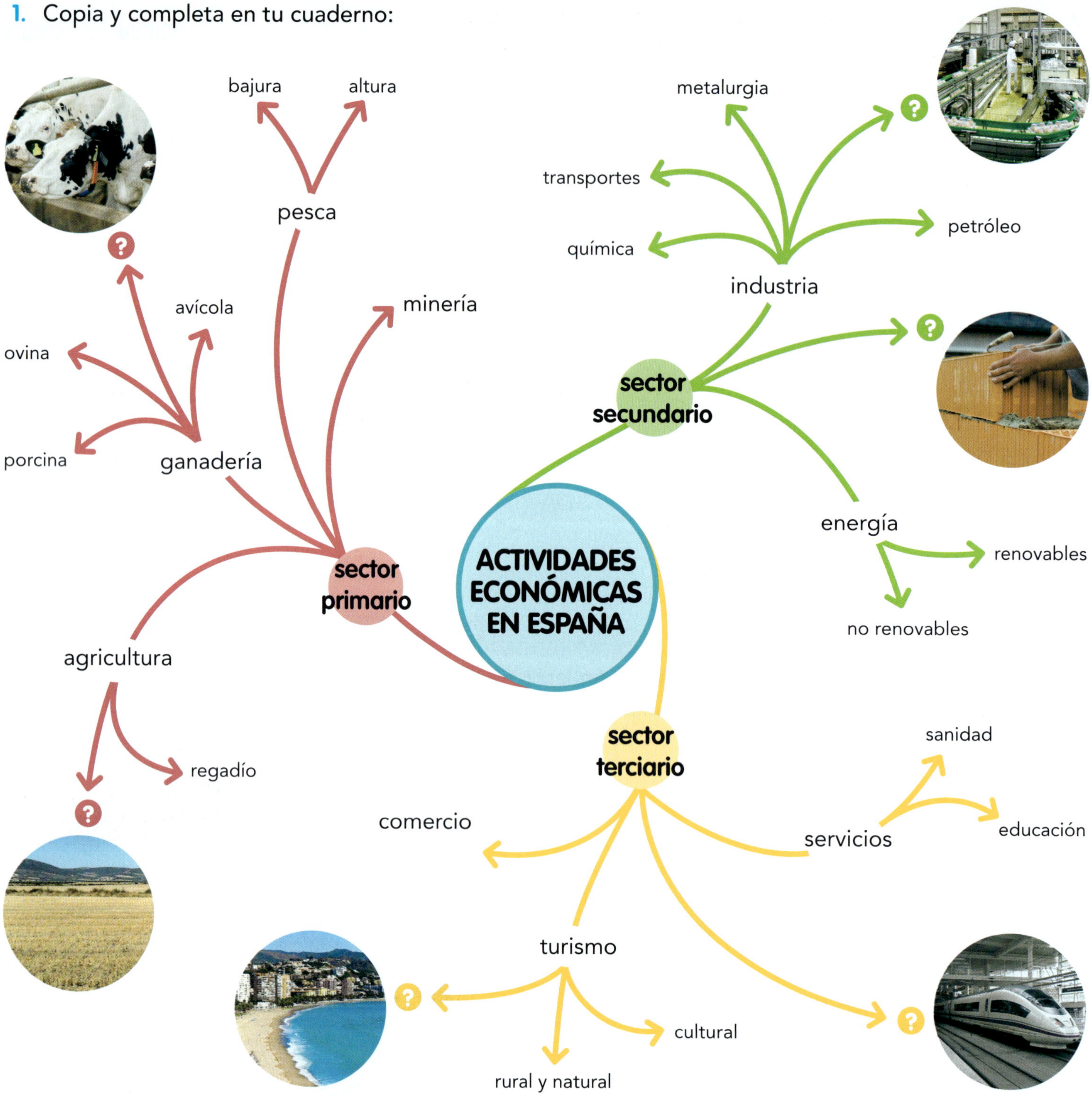

2. Escribe una redacción:

- Redacta un breve texto en el que expliques por qué las actividades económicas son altamente consumidoras de recursos naturales y cómo impactan en el medio natural.
- Para ello, utiliza estos conceptos: agricultura, industria, residuos, automóvil, petróleo, contaminación, cambio climático, sobreexplotación.

3. Copia en tu cuaderno un cuadro como este y complétalo con las características de los sectores económicos en España:

LOS SECTORES ECONÓMICOS EN ESPAÑA			
Sector	Actividad	Localización	Características
Primario	Agricultura, ganadería, pesca y minería	■	■
■	■	■	■
■	■	■	■

4. Copia y completa en tu cuaderno estas frases sobre las actividades económicas europeas:

- El sector primario en Europa está altamente ■ y ■. Y ocupa a ■ personas y obtiene ■ rendimientos.
- La agricultura tiene ■ de casi todos los ■ y la UE ayuda a garantizar la ■ de los alimentos. La ganadería es ■ y se desarrolla en granjas ■ con razas seleccionadas.
- El sector secundario se caracteriza por producir bienes de ■ valor ■. Las principales industrias son: la ■, la ■, la de bienes de ■, la construcción ■ y la de bienes de ■.
- El sector terciario destaca en actividades relacionadas con los servicios ■ y el ■. El ■ y el ■ también son actividades importantes.

5. Observa las fotos:
   - Indica a qué tipo de agricultura corresponde cada fotografía.
   - ¿Qué productos puedes encontrar en un tipo u otro de agricultura?

Valoro mi aprendizaje

Distingo los sectores económicos en España y en Europa.

Localizo en un mapa de España las principales actividades económicas.

Conozco la importancia del turismo en España.

Reconozco las actividades del ser humano que degradan la naturaleza.

1 Nada
2 Muy poco
3 Ni mucho ni poco
4 Mucho
5 Muchísimo

¡No te olvides de pasar por el Gimnasio para practicar algunos ejercicios! ¡clic! ¡clic!

3 Consumimos en un mundo globalizado

Vas a aprender a...

- identificar qué es una empresa y cómo se organiza
- evaluar cómo el dinero forma parte de nuestra vida cotidiana
- entender cómo se produce en un mundo globalizado
- apreciar cuál es la función de la publicidad
- valorar los recursos naturales que consumimos
- proteger el medioambiente

La lechera emprendedora

Érase una vez una joven campesina que tenía una vaca. Después de ordeñarla, caminaba a diario hasta el mercado para vender leche, con su pintoresco cántaro artesanal sobre la cabeza.

Nuestra lechera era una joven animosa y satisfecha con su suerte, pero últimamente estaba algo inquieta. En la biblioteca pública había encontrado un libro que le había dado mucho que pensar. Sugería la asombrosa idea de que cada persona debe elegir su propio camino en la vida, y que es perfectamente posible vivir haciendo lo que a uno le gusta. ¡Ella jamás se había preguntado si quería pasar sus días de otra forma que no fuese vendiendo leche!

Un buen día, mientras caminaba hacia el mercado con su cántaro en la cabeza, empezó a pensar en posibles destinos alternativos para el dinero que iba a conseguir vendiendo la leche: "Voy a separar una parte de lo que consiga para comprar cantidades extra de azúcar, harina, huevos... ¡A partir de mañana venderé también postres y dulces! Ganaré más que con la leche, porque al precio de venta no solo tendré que añadirle el coste de los ingredientes, sino también el esfuerzo y el tiempo que me lleve prepararlos. ¡Muchas madres con niños pequeños y poco tiempo libre estarán encantadas de comprar mis ricos desayunos y postres caseros! Con el tiempo tendré clientes fijos e incluso haré entregas a domicilio. Mis productos tendrán tanto éxito que tendré que contratar a alguien que atienda a los clientes porque yo estaré muy ocupada cocinando...".

Cristina CARRILLO: *Cuentos para aprender economía* (adaptación). Nautebook, 2014.

1. La joven campesina leyó un libro en la biblioteca. ¿Qué crees que aprendió de ese libro? ¿Cuál es su sueño?

Pienso

- ¿Sabes qué es una empresa y cómo funciona? ¿Crees que eres un consumidor responsable?

Me interesa

- Explica con tus palabras cómo crees que es una persona emprendedora. ¿Qué habilidades debería poseer? ¿Qué actitud imaginas que muestra?

Reflexiono

- Busca en Internet la fábula tradicional *La lechera y el jarro de leche.* ¿Cómo acaba? ¿Qué opinas de la moral de la fábula? Compara la fábula con esta versión moderna del cuento.

Me hago preguntas

¿Qué es una empresa?

Todos los bienes y servicios que consumimos son el resultado de las actividades económicas que generan las empresas y el trabajo humano.

Almacén de una de las mayores empresas de comercio electrónico del mundo.

¿Cuál es el objetivo de una empresa?

Una empresa es una organización que fabrica productos (coches, mesas, libros, juguetes…) y/o ofrece servicios (una tienda *online*, un supermercado, un parque de atracciones, un restaurante, un teatro…) a cambio de un **beneficio económico**.

También existen otras organizaciones, como las fundaciones culturales, humanitarias, deportivas, etc., cuyo principal objetivo no es la obtención de beneficio, sino hacer un **bien social**.

Para llevar a cabo su actividad, las empresas necesitan **recursos** materiales (materias primas, herramientas), humanos (personas que trabajan) y financieros (dinero).

Cartel de la UNESCO para el derecho a la educación y al aprendizaje de las personas jóvenes y adultas.

1. Explica el objetivo principal de una empresa.

¿Cómo se clasifican las empresas?

Algunos criterios empleados para clasificar las empresas son:

2. Dependiendo del sector económico al que pertenecen, ¿a qué se dedican las empresas?
3. ¿Sabes qué es una PYME?

Según el sector

- **Sector primario**: Agricultura, ganadería, pesca y minería.
- **Sector secundario**: Industria, construcción y energía.
- **Sector terciario**: Prestación de servicios, comercio, transporte, turismo…

Según el tamaño

- **Microempresas** (entre 1 y 10 trabajadores)
- **Pequeñas empresas** (entre 10 y 50 trabajadores)
- **Medianas empresas** (entre 50 y 250 trabajadores)
- **Grandes empresas** (más de 250 trabajadores)

Según el propietario

- **Empresario individual**: La organización pertenece a una sola persona.
- **Sociedad mercantil**: La propiedad y la gestión corresponden a varias personas.

¿Cómo se organiza una empresa?

Las empresas se apoyan en una organización que regula sus actividades, estructura sus departamentos (producción, *marketing*, finanzas, recursos humanos...), establece los roles de sus responsables, marca los objetivos y estrategias empresariales, define los canales de comunicación, etc.

Recursos humanos
Organiza y gestiona las relaciones con las personas de la empresa.

Investigación y desarrollo (I+D)
Se encarga de investigar para crear nuevos productos y aplicar a la empresa las tecnologías más novedosas.

Dirección
Organiza y coordina las distintas áreas.

Producción
Comprende todo el proceso de elaboración del producto.

Finanzas
Se encarga de obtener el capital que necesita, elabora el balance y la cuenta de resultados, y distribuye sus beneficios e inversiones.

Comercial y *marketing*
Incluye la comercialización de los productos, así como el *marketing* y la publicidad necesaria para su promoción entre los consumidores.

4. ¿Cómo se organiza una empresa? ¿Crees que es importante invertir en I+D? ¿Cómo piensas que debe ser un buen empresario?

5. Pregunta a tus familiares en qué tipo de empresas trabajan. ¿Cómo se organizan? ¿Qué diferencias encuentras?

Extraigo conclusiones

6. Piensa en la panadería que tengas más cerca de casa e identifica sus características como empresa: a qué sector económico pertenece, cuál es su tamaño según el número de trabajadores y quién es su propietario (si pertenece a una sola persona o forma parte de una red de panaderías).

7. Explica en qué crees que se diferencia una pequeña panadería de un establecimiento que vende pan y que forma parte de una cadena de panaderías del mismo nombre presente en otros lugares.

8. Formad grupos de tres e imaginad que queréis crear una empresa:
   - Si la empresa representara un animal, sería...
   - Si la empresa representara un lugar, sería...
   - Si la empresa representara un personaje, sería...

   Explicad el porqué de vuestra elección. Después, poned en común la información. Dibujad un logotipo para cada una de las empresas que habéis creado y explicad los elementos que lo componen.

El dinero y el ahorro

Hace siglos, los productos se intercambiaban unos por otros mediante el trueque. Posteriormente, el dinero pasó a ser el medio de pago que permite el intercambio de mercancías y servicios.

Busco y defino:
- trueque
- ingresos

¿Cómo pagamos?

En general, el dinero lo tenemos depositado en el banco, y gracias a los avances tecnológicos, cada vez existen más canales y vías de pago. Veamos algunos ejemplos:

- **Dinero en efectivo**: monedas y billetes. Aunque han aparecido otros medios, el dinero en efectivo sigue siendo una forma habitual de pago.
- **Cheque bancario**: documento escrito de pago para cobrar una cantidad determinada de los fondos que la persona que lo expide tiene disponibles en un banco.
- **Tarjeta bancaria**: herramienta magnética o virtual (a través de aplicaciones móviles) con la cual se puede pagar a débito o a crédito y permite cargar el importe de la compra directamente desde el punto de venta en la cuenta del banco asociada. Para una mayor seguridad existen plataformas digitales que actúan como intermediarias y autorizan los pagos.

Vías de pago

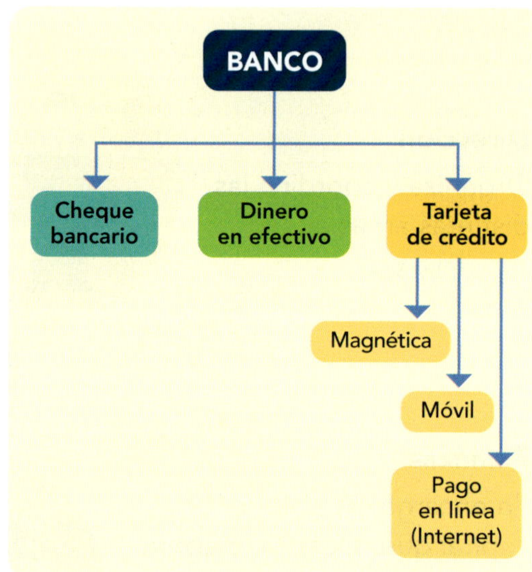

¿Gastar, invertir o ahorrar?

Los **ingresos** son una cantidad de dinero que se obtiene a cambio de un trabajo, de la venta de productos y servicios o a partir de un préstamo. El dinero podemos **gastarlo**, **ahorrarlo** o **invertirlo**.

pago en línea

Distribución de los ingresos y los gastos

Profundizo: ¿Qué es un presupuesto?

En tu ámbito personal, puedes obtener ingresos por una tarea extra, cuando recibes un regalo en forma de dinero o te dan la paga semanal. Como tú, la mayoría de las personas tiene una cantidad limitada de dinero disponible.

¿Cómo puedes planificar qué haces con tus ingresos?

El presupuesto

El presupuesto personal es una herramienta que organiza el dinero disponible. Permite **administrar los ingresos y los gastos**.

Para ello, es necesario planificar cómo y en qué se gasta el dinero que tenemos disponible.

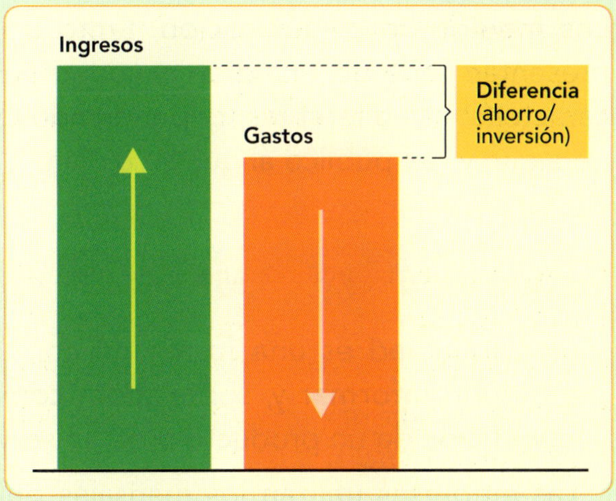

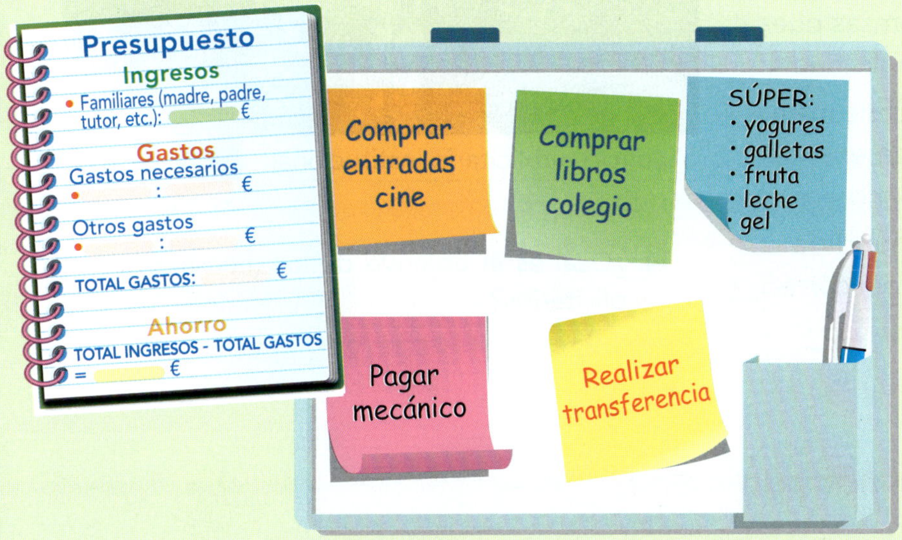

La planificación

Una buena planificación sería primero gastar el dinero en lo que se necesita y, si sobra, ahorrarlo para poder hacer frente a imprevistos o comprar más adelante lo que se desea.

Antes de comprar un producto o servicio, deberíamos hacernos las preguntas siguientes: ¿Lo necesitamos? ¿Lo deseamos? ¿Es más barato en otra tienda? ¿Hay algo similar más barato que también nos pueda servir?

Comprendo, aplico y razono

9. ¿Qué es el dinero? ¿Para qué sirve? Explica los diferentes mecanismos de pago que existen.

10. ¿Cuál es la diferencia entre ahorro e inversión?

11. Imagina que esta semana has recibido unos ingresos extra por unas pulseras que has fabricado y luego has vendido a tus familiares. Piensa en qué gastarías el dinero y elabora tu presupuesto personal:

Presupuesto personal de: ...			
Descripción	Ingresos	Gastos	Ahorro

12. Piensa y escribe en tu cuaderno qué necesitas para ser feliz. ¿Cuesta dinero? Valora tus respuestas: ¿crees que podrías gastar menos dinero? ¿Por qué?

¿Qué necesitas?	¿Cuesta dinero?

13. Fíjate en estas frases y explica su significado:

– *El más rico de todos los hombres es el ahorrativo; el más pobre, el ávaro.* Chamfort

– *Ahorrar no es solo guardar, sino saber gastar.* Anónimo

¡Ojo con la publicidad engañosa!

¿Para qué sirve la publicidad?

Los medios de comunicación, tanto tradicionales como digitales, presentan cada día una gran cantidad de **anuncios publicitarios** con características diferentes, dependiendo del objetivo empresarial que persigan y del público al que se dirijan.

Anuncio publicitario de ropa.

¿Qué es la publicidad?

La publicidad es una forma de comunicación que pretende **informar** y, sobre todo, **convencer de los beneficios** de un producto o de un servicio.

Las empresas utilizan los mensajes publicitarios con el objetivo de aumentar sus ventas.

Dada la cantidad de medios en que las empresas pueden anunciarse, existen diversos tipos de publicidad:

- **Publicidad *offline*.** Es la publicidad que encontramos en la prensa, la radio, la televisión, en el exterior, etc.
- **Publicidad digital.** Es la publicidad difundida a través de buscadores *online*, redes sociales, correo electrónico, etc.

Anuncio publicitario institucional.

14. ¿Cuál es el objetivo de los mensajes publicitarios?

¿Qué elementos intervienen en un anuncio publicitario?

Los elementos que intervienen en el proceso de comunicación publicitaria responden a:

- **¿Qué se anuncia?** El emisor: es la empresa o institución que transmite un mensaje para dar a conocer el producto o servicio que ofrece a los consumidores.
- **¿A quién va dirigido?** El destinatario: es el conjunto de personas o empresas a los que va dirigido el mensaje.
- **¿Cuál es el eslogan?** El mensaje: es la información que se transmite. Uno de los elementos más importantes es el eslogan. Se trata de una frase corta, a menudo con rima, pegadiza y que se graba fácilmente en la memoria.

15. ¿Cuál es el eslógan de este anuncio? ¿Qué nos intenta transmitir?

¿Qué son las estrategias publicitarias?

Un anuncio publicitario debe captar la **atención**, impactar… cuanto más llamativo, mucho mejor.

También debe despertar el **deseo** de obtener los beneficios que el producto o servicio ofrece, con el objetivo de que el cliente lo compre.

Para lograrlo se utilizan diversas **técnicas**, como la repetición del mensaje publicitario en diversos medios, la exageración de los beneficios del producto, la asociación de la imagen con un determinado personaje, canción, sentimiento, color, etc.

El color en los anuncios

La publicidad conoce muy bien las sensaciones y las emociones que los colores tienen sobre las personas.

blanco	frescura, limpieza
amarillo	luz, alegría, energía
naranja	éxito, ánimo, prestigio
rojo	fortaleza, pasión
azul	inteligencia, lealtad, efectividad
verde	naturaleza, salud
negro	elegancia, sofisticación

¡Ojo con la publicidad engañosa!

La publicidad engañosa es aquella que se propone hacer creer algo que no es real, bien por adjudicar al producto propiedades que no tiene, bien por ocultar algunas de sus características fundamentales.

En caso de que un producto o servicio no se corresponda con lo anunciado en la publicidad, como consumidores podemos reclamar nuestros derechos.

16. ¿Qué estrategias hay que tener en cuenta antes de crear un anuncio?

17. Muchas empresas optan por anunciar sus productos a través de personajes famosos. ¿Por qué crees que lo hacen? ¿Qué efecto causan en ti? Pon algún ejemplo.

Extraigo conclusiones

18. ¿Te has sentido engañado alguna vez cuando has comprado o te han regalado un producto que querías? ¿Por qué?

19. ¿Es posible tener una mirada crítica sobre la publicidad? ¿Cómo? ¿Decidimos solo en función de los anuncios? ¿Qué otros aspectos consideras que pueden influir en la decisión de compra de los consumidores?

20. Busca en Internet vídeos de anuncios publicitarios de grandes marcas.
- Analiza su mensaje y detecta algunas promesas que después no se hacen realidad.
- Por ejemplo, ¿crees que si bebes un determinado refresco serás más feliz? ¿O si calzas unas zapatillas deportivas de una marca concreta serás el más rápido del mundo? Razónalo.

Producir y consumir en un mundo globalizado

¿Qué es la globalización?

Los habitantes del planeta están cada vez más conectados entre sí y pueden desplazarse de un lugar a otro con rapidez y facilidad.

Del mismo modo, el desarrollo de los medios de transporte, de las telecomunicaciones y de la informática permite que las personas, las mercancías, el dinero y la información circulen rápidamente por todo el mundo. A este fenómeno se le llama **globalización**.

La producción de mercancías y de servicios ha adquirido una dimensión mundial por:

- La expansión de **empresas multinacionales** que operan en diferentes países.
- El **fraccionamiento de la producción**.
- La facilidad para **transportar las mercancías**.
- Los nuevos **sistemas de pago**.

Todo esto ha permitido que las industrias se instalen en países donde es más barato producir y que los productos fabricados se vendan en cualquier parte del planeta.

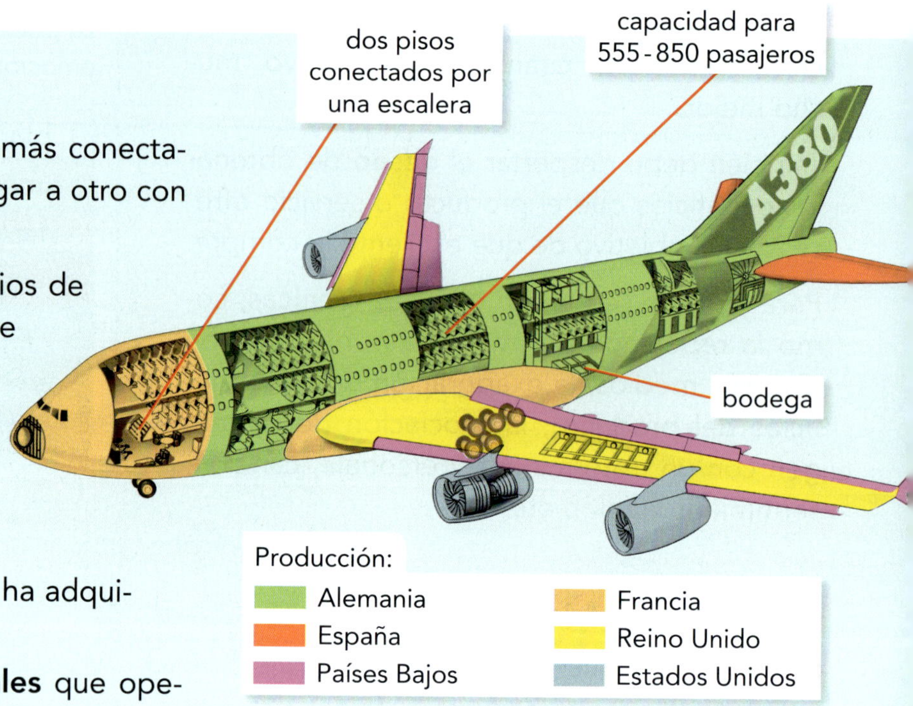

El Airbus se fabrica de forma fraccionada y con la colaboración de distintos países europeos.

Las diferentes partes del avión se fabrican por separado y la industria promotora se encarga del montaje y de dar por acabado el producto.

El comercio internacional

La mundialización de la producción ha provocado un gran crecimiento del comercio internacional, que afecta a todos los productos y a todos los continentes.

¿Cómo se realizan la producción y la distribución de bienes a escala mundial?

Muchos de los productos que consumimos contienen materias primas procedentes de lugares diversos, han sido fabricados en diferentes zonas del mundo, se han montado por partes y han recorrido grandes distancias hasta el punto de venta al consumidor.

Busco y defino:
- globalización
- multinacional
- mundialización
- materia prima

Los minerales para fabricar los **móviles** provienen de países como Rusia, Chile, la República Sudafricana o la República Democrática del Congo.

El montaje se realiza sobre todo en China, pero también en la India, Tailandia y Filipinas.

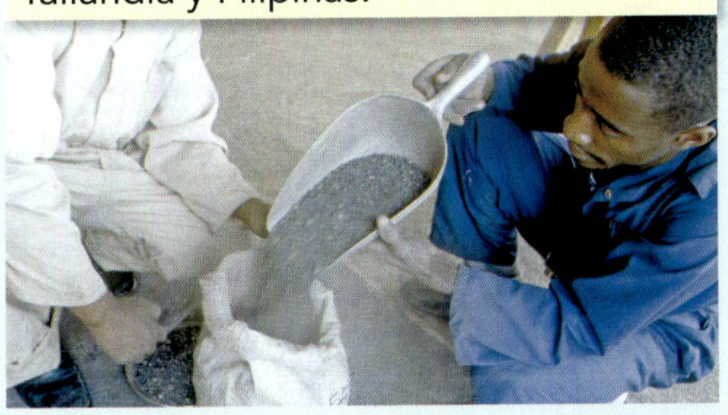

Las principales empresas de **informática** y **comunicaciones** del mundo se encuentran en Estados Unidos, aunque también las hay en Japón, Reino Unido y Alemania.

Los **pantalones tejanos** se diseñan en países de Europa. La materia prima es el algodón, que se cultiva y se recoge en Egipto.

La hilatura y la tintura del algodón se hacen en Turquía; y el tejido de la ropa y la confección, en China.

Los bosques tropicales del sudeste asiático, del centro y el oeste de África y de América Central y del Sur proporcionan la madera de los **muebles** que se fabrican en Estados Unidos y en la Unión Europea.

Extraigo conclusiones

21. Explica, con tus propias palabras, qué es el fraccionamiento de la producción y ejemplifícalo con el dibujo del airbus.
22. Fíjate en el mapa. ¿Entre qué zonas del mundo es mayor el comercio? ¿Qué relación hay entre el aumento del comercio y la globalización?
23. Observa las imágenes de esta página, descríbelas y explica qué fenómeno de la globalización muestran.
24. Fíjate en las etiquetas de productos que utilices habitualmente (ropa, aparatos tecnológicos, etc.). ¿Cuáles no han sido fabricados en España? ¿Dónde se han fabricado?
25. Nombra productos que se coman o se beban habitualmente en nuestro país y que sean de Estados Unidos, China, Japón o América del Sur.
26. Di una ventaja y un inconveniente de vivir en un mundo globalizado.

¿Consumimos demasiados recursos naturales?

Las actividades económicas utilizan muchos recursos naturales para satisfacer las necesidades y deseos de los seres humanos.

Busco y defino:
- recursos renovables
- recursos no renovables
- desarrollo sostenible

¿Sobreexplotamos los recursos naturales?

La industria, los transportes y el modo de vida de los hombres y mujeres actuales consumen una gran cantidad de recursos naturales.

Algunos recursos naturales son **renovables**, es decir, se regeneran por sí solos, como el agua, la pesca, la madera... Sin embargo, un mal uso puede disminuir su capacidad de renovación.

Otros recursos, la mayor parte de los que se consumen, como el petróleo, el carbón o el gas natural son **no renovables**, y su elevado consumo puede llegar a agotarlos para siempre.

El consumo de recursos naturales en grandes cantidades y sin control puede llevar a su agotamiento y a poner en peligro la vida del planeta.

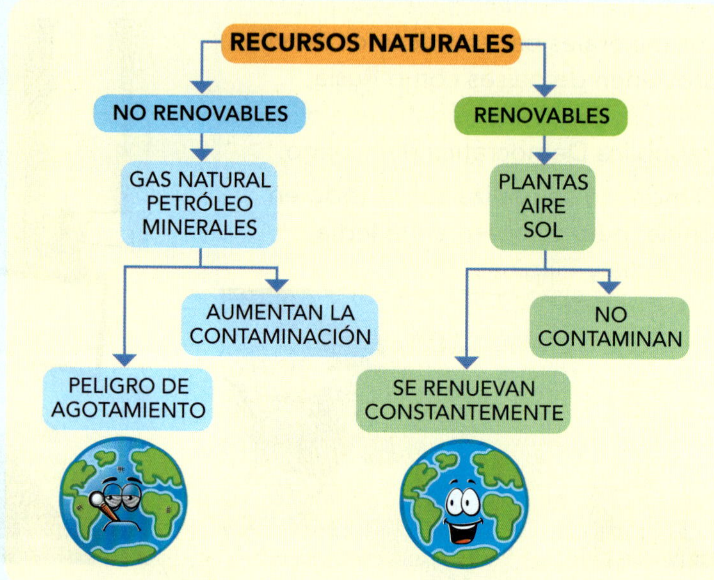

27. ¿En qué se diferencia un recurso natural renovable de uno no renovable? Pon un ejemplo de cada uno.

28. Explica por qué la sobreexplotación de los recursos naturales resulta tan perjudicial para el medioambiente.

¿Qué es el desarrollo sostenible?

Una explotación sostenible de los recursos es aquella que permite satisfacer las necesidades del presente sin poner en peligro la existencia de recursos para las generaciones futuras.

La **sostenibilidad** defiende que para vivir bien no hace falta malgastar los recursos y poner en peligro el medioambiente que nos rodea.

Para contribuir a la sostenibilidad del planeta y que los habitantes del futuro puedan disfrutar de sus recursos, se propone un consumo basado en las **3 erres**: **reducir**, **reutilizar** y **reciclar**.

Detectives en la red

29. Muchos envases llevan las etiquetas del dibujo. Averigua el significado de cada una de ellas.

¿Cómo podemos contribuir a la sostenibilidad del planeta?

Podemos REDUCIR el consumo:

- No comprando cosas que no necesitemos o que son de un solo uso (usar y tirar).
- Alquilando o prestando mejor que comprando y tirando.
- Comprando los productos con poco embalaje y no usando bolsas de plástico para transportarlos.

REUTILIZAR es fácil:

- En lugar de tirar los objetos estropeados, podemos repararlos (calzados, vestidos, electrodomésticos...) para intentar seguir utilizándolos.
- Vender los productos en buen estado y comprar otros de segunda mano en un mercadillo.
- Adaptar algunos objetos ya usados, como las botellas de plástico, para otros usos.

Debemos RECICLAR los desechos:

Separando correctamente nuestra basura para que pueda ser reciclada y usada de nuevo.

La cadena de reciclaje

30. Realizad por parejas el ejercicio siguiente:
- Apuntad en un papel cinco objetos que usamos cotidianamente.
- Después, intercambiad la lista con vuestro compañero o compañera, que deberá pensar cómo se podrían reutilizar estos objetos para no generar tantos desechos.

31. Observa el esquema de la cadena de reciclaje y explica cuáles son los cinco pasos que sigue el reciclaje de productos.

▸ Extraigo conclusiones

32. Copia el cuadro siguiente en tu cuaderno. Escribe en él tres acciones de cada una de las tres erres que puedas hacer en tu vida diaria para cuidar el medioambiente de nuestro planeta:

Reducir	Reutilizar	Reciclar

Crear un proyecto

La escuela es un lugar en el que podemos desarrollar nuestra imaginación y creatividad.

Emprender significa "empezar, imaginar, crear, fijarse una meta y realizar los pasos necesarios para conseguirla".

Emprender es la actitud que tomamos cuando nos disponemos a hacer algo con autonomía, decisión, sin miedo a equivocarnos y con el esfuerzo necesario para conseguir nuestro propósito.

Os proponemos crear un proyecto de un banco del tiempo. Para ello, es necesario que antes conozcáis vuestras habilidades como emprendedores.

Comprendo las ideas

1 Determinar la idea del proyecto

Entendemos por proyecto el conjunto de elementos y tareas que se requieren para alcanzar un objetivo determinado. Puede ser un **objetivo empresarial, social o cultural**.

Escoger y definir nuestro proyecto es tan importante como redactarlo y ponerlo en práctica. Para ello es necesario:

- Descubrir qué cosas no funcionan a nuestro alrededor y aportar soluciones originales y diversas.
- Mirar, detectar los problemas, descubrir oportunidades e innovar. Las principales fuentes de innovación son la imaginación, la creatividad, el conocimiento y la tecnología.

Las personas emprendedoras se caracterizan por tener iniciativa y un espíritu activo y decidido.

33. ¿Has detectado problemas en lugares a los que te gustaría dar alguna solución? ¿Cuáles? Explica brevemente cómo intentarías resolver estas situaciones. Conviértete en emprendedor y completa este cuadro en tu cuaderno:

¿Dónde?	¿Has detectado algún problema que te gustaría solucionar?	¿Se te ocurre alguna solución original para este problema?
En el patio		
En la clase		

34. ¿Conoces a alguien cercano a ti que haya creado una empresa que da solución a una necesidad? Explícalo.

Para saber más sobre emprendimiento, entra en:
www.ticking.com/774140

2 Conocer nuestras habilidades como emprendedores o emprendedoras

Para llevar a cabo un proyecto emprendedor debemos desarrollar una serie de habilidades:

- Conocer lo que hacemos bien (**fortalezas**) y lo que no se nos da tan bien (**debilidades**).
- **Trabajar en equipo**, es decir, ser capaces de coordinarnos con un grupo, escuchar sus opiniones y dar voz a las nuestras.
- **Mejorar constantemente**, que se demuestra en el espíritu de superación, en tener la motivación de hacer las cosas mejor a pesar de la dificultad.
- **Ser creativo**, lo cual nos permite tener muchas y buenas ideas.

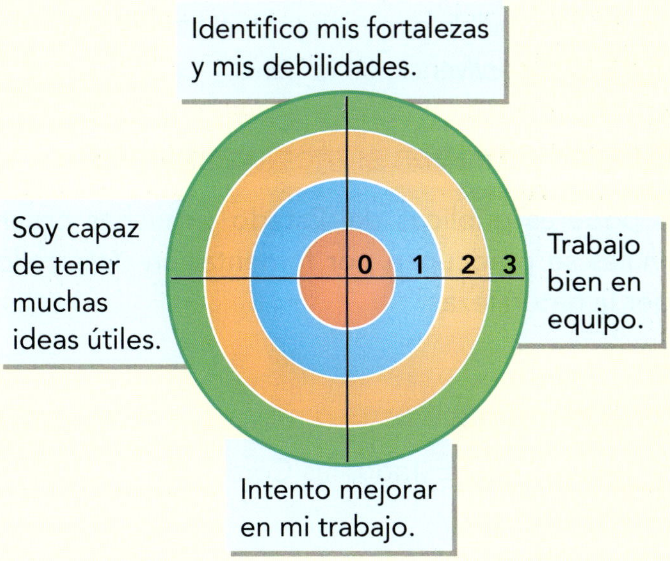

35. Fíjate en la diana y marca tu señal. Ten en cuenta que el 3 significa "siempre", el 2 "muchas veces", el 1 "pocas veces" y el 0 "nunca". Razona el porqué de las opciones que has escogido.

36. Explica una habilidad que tú consideres que tienes y que no se haya nombrado. ¿Es una habilidad emprendedora? ¿Por qué?

37. Completa las frases:

- Pienso que para ser emprendedor se necesita tener…
- Conozco a personas emprendedoras…
  - a. Entre mis amigos: …
  - b. Entre mi familia: …
  - c. En mi barrio: …

Aplico lo aprendido

38. Organizaos para crear el proyecto de un banco del tiempo en clase. El objetivo es intercambiar, en lugar de productos, habilidades y conocimientos entre todos los compañeros y compañeras:

- Cada alumno/a debe ofrecer algún conocimiento o alguna habilidad que sepa hacer muy bien y demandar, a otro compañero o compañera, que le enseñe algo que le gustaría aprender a hacer.
- Para ello, responded a estas preguntas básicas: ¿Qué queremos hacer? ¿Por qué? ¿Cómo lo haremos? ¿Dónde? ¿A quién lo dirigimos? ¿Cómo vamos a organizarnos? ¿Qué recursos necesitamos? ¿Cuánto cuesta (en tiempo, en dinero)?

39. En grupos, cread un anuncio para dar a conocer vuestro proyecto del banco del tiempo. Para ello, tenéis que seguir los pasos que os indicamos a continuación:

- El **proyecto**. Elaborad una lista con las propiedades del proyecto.
- El **destinatario**. Pensad a qué persona queréis convencer de que vuestro proyecto es el mejor.
- El **eslogan**. Escribid un eslogan que resulte pegadizo y fácil de recordar.
- **Otros elementos**. Decidid dónde vais a publicar vuestro anuncio y seleccionad fotografías, música, personajes, etc.

¿Cómo podemos proteger el medioambiente?

Frenar la degradación del medioambiente y fomentar su conservación es imprescindible para asegurar el bienestar de las generaciones futuras y la supervivencia de la Tierra.

Busco y defino:
- sostenible
- ecoetiqueta
- recogida selectiva
- contenedor

¿Quiénes protegen el medioambiente?

Los poderes públicos del Estado y muchas organizaciones internacionales se preocupan por fomentar un desarrollo sostenible y proteger la naturaleza.

Los poderes públicos

El gobierno del Estado, las Comunidades Autónomas y los Ayuntamientos:

- Elaboran leyes y normativas para defender el medioambiente.
- Se coordinan con organismos internacionales y participan en conferencias internacionales.
- Realizan servicios de limpieza de parques y calles, recogida selectiva de basura, prevención y extinción de incendios...

¿Qué es la ecoetiqueta?

La etiqueta ecológica es un sistema de calificación de la Unión Europea para certificar que determinados productos tienen poco impacto sobre el medioambiente.

Se aplican a diferentes productos como bombillas, detergentes, frigoríficos, pinturas, barnices, bricolaje, prendas de vestir, lavadoras.

Las instituciones internacionales

La ONU

Cuenta con un organismo específico para el cuidado del medioambiente (PNUMA). También ha promovido conferencias internacionales como la Cumbre de Desarrollo Sostenible de Nueva York (2015), para promover el bienestar común.

PNUMA

La Unión Europea

Ha elaborado normas y programas de protección medioambiental que deben aplicarse en todos los países de la UE.

Las Organizaciones No Gubernamentales (ONG)

WWF *(World Wildlife Fund)*

Realiza campañas para la protección de las plantas y animales, el fomento de los recursos naturales renovables, la reducción de la contaminación, etc.

WWF World Wildlife Fund

Greenpeace

Su finalidad es la protección y defensa del medioambiente y de la paz. Interviene en partes del mundo donde se produzcan agresiones contra la naturaleza.

GREENPEACE

Profundizo: ¿Cómo podemos contribuir nosotros?

Cada uno de nosotros podemos realizar diversas acciones en nuestra vida diaria que sean favorables para la conservación del medioambiente.

1 Ahorrar electricidad y agua.

- Apagar la luz de las habitaciones de casa cuando nadie esté en ellas.
- Ducharse en lugar de tomar un baño.
- Cerrar el grifo cuando nos lavamos la cara, las manos o los dientes.

2 Depositar las basuras y los residuos en el contenedor adecuado.

- Los papeles, hay que tirarlos a la papelera.
- La basura debe depositarse en el contenedor correspondiente.

3 Cuidar y respetar las plantas y animales.

- No hay que pisar o arrancar las plantas, ni realizar acciones que puedan dañar a los animales.

4 Ahorrar combustible.

- No usar, si no es necesario, la calefacción y el aire acondicionado.
- Usar el transporte público en nuestros desplazamientos.

Comprendo, aplico y razono

40. Busca en Internet qué ministerio se ocupa en España de la protección del medioambiente. Consulta su página web y contesta las preguntas siguientes:

- ¿Qué funciones específicas tiene?
- ¿Crees que el ministerio se preocupa por difundir la educación sobre el medioambiente en los colegios y entre los niños y niñas? Justifica tu respuesta.

41. Imagina que eres miembro de una organización ecologista que tiene que elaborar un *Decálogo para la defensa de la naturaleza* que contenga diez recomendaciones.

Escribe el decálogo en tu cuaderno y después ponlo en común con toda la clase. Votad entre todos las diez propuestas que os parezcan mejor.

42. Busca en Internet a qué tipo de productos otorga la Unión Europea la llamada *ecoetiqueta*.

Actividad cooperativa

¿Qué cualidades tenemos?

Para ser buenos emprendedores debemos conocer qué talentos tenemos y cómo podemos desarrollarlos. También debemos preguntarnos qué podemos hacer para mejorar nuestra personalidad.

Estructura grupal: grupos de 4 miembros.

Funciones o roles de los miembros del grupo:

Coordinador o coordinadora: recibe las instrucciones del docente y controla el tiempo.

Portavoz: es la persona que habla durante la puesta en común.

Secretario o secretaria: se encarga de las tareas escritas de todo el grupo.

Tiempo: 1 sesión de clase.

Material: etiquetas adhesivas, folios, bolígrafos.

1 **¿Sabemos cómo somos?** En grupos, indagaremos el significado de las diferentes habilidades sociales y cualidades personales indicadas en las cartelas. El secretario/a tomará notas de las definiciones.

2 **Conocerse a uno mismo.** Cada uno de vosotros o vosotras escogerá tres etiquetas que considere que definen sus cualidades personales y tres que definen sus habilidades sociales. Después, las escribiréis en una hoja.

3 **Intercambiar hojas.** Dentro del grupo, pasaos las hojas en el sentido de las agujas del reloj. Cada compañero o compañera debe escribir, al lado de las etiquetas, si reconoce este valor en la persona que le ha pasado la hoja y por qué.

4 **Pensar en el futuro.** Cada uno debe reflexionar sobre qué tipo de profesión le gustaría tener. ¿Qué habilidades necesitas? ¿Crees que las posees? Razónalo.

5 **Puesta en común.** El portavoz de cada grupo expondrá al resto de la clase qué habilidades y cualidades son las que más se repiten en su grupo. Entre todos debatiréis si hay algunas cualidades o habilidades que deberíais esforzaros en adquirir y qué podéis hacer para conseguirlas.

Habilidades sociales

capacidad de liderazgo

capacidad de comunicación

trabajo en equipo

capacidad para relacionarse con los otros

sensibilidad a las necesidades de los otros

capacidad para decidir

voluntad de sacrificio

Cualidades personales

autocontrol

energía

sensatez

responsabilidad

entusiasmo

imaginación

sentido crítico

perseverancia

autonomía

paciencia

Debate final

- ¿Os ha costado reconocer vuestras habilidades y cualidades?
- ¿Ha coincidido la percepción sobre vosotros mismos con la que os tienen los compañeros y compañeras?
- ¿Os ha parecido útil esta actividad? Explicad el porqué.

Jugando también se aprende

Descubre su departamento en la empresa

Identifica a qué departamento de la empresa pertenece cada uno de estos trabajadores (hay dos departamentos sobrantes).

Dirección | I+D | Recursos Humanos | Producción | Comercial | Finanzas

1. Coordino todo el departamento de ventas.

2. Me encargo de supervisar los gastos.

3. Intento solucionar los problemas de horario de los trabajadores.

4. Elaboro la publicidad de los productos.

Crea tu propio anuncio

Elige las frases que se correspondan con las características de un mensaje publicitario. Luego, crea tu propio anuncio:

- Tiene que permitir una captación rápida.
- Debe ser largo y con muchas explicaciones.
- Tiene que provocar sensaciones que sean memorizables.
- Tiene que decir mucho en pocas palabras.
- Tiene que olvidarse fácilmente.
- Tiene que crear deseo de tenerlo.
- No tiene que repetirse en diferentes medios de comunicación.

Elige el logotipo

Imagina que has creado una empresa y has encargado el diseño del logotipo que la identifique a tres publicistas diferentes. Cada uno ha diseñado un modelo y a ti te han gustado los tres por igual.

Por ello, has decidido agrupar los tres modelos en uno solo. ¿Cuál de estos será el logotipo de tu empresa?

Modelos

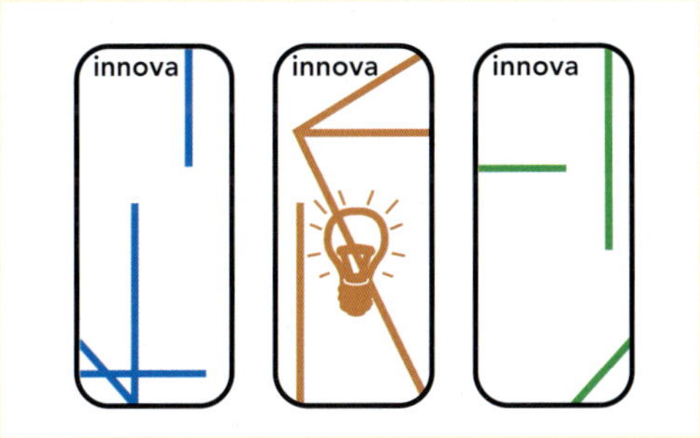

Logotipo

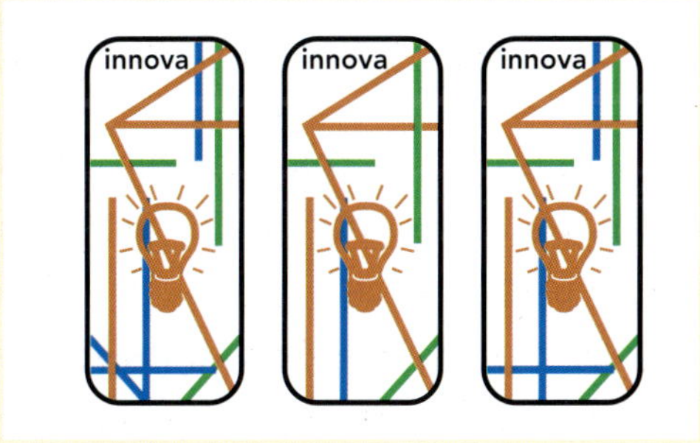

1. Copia y completa en tu cuaderno:

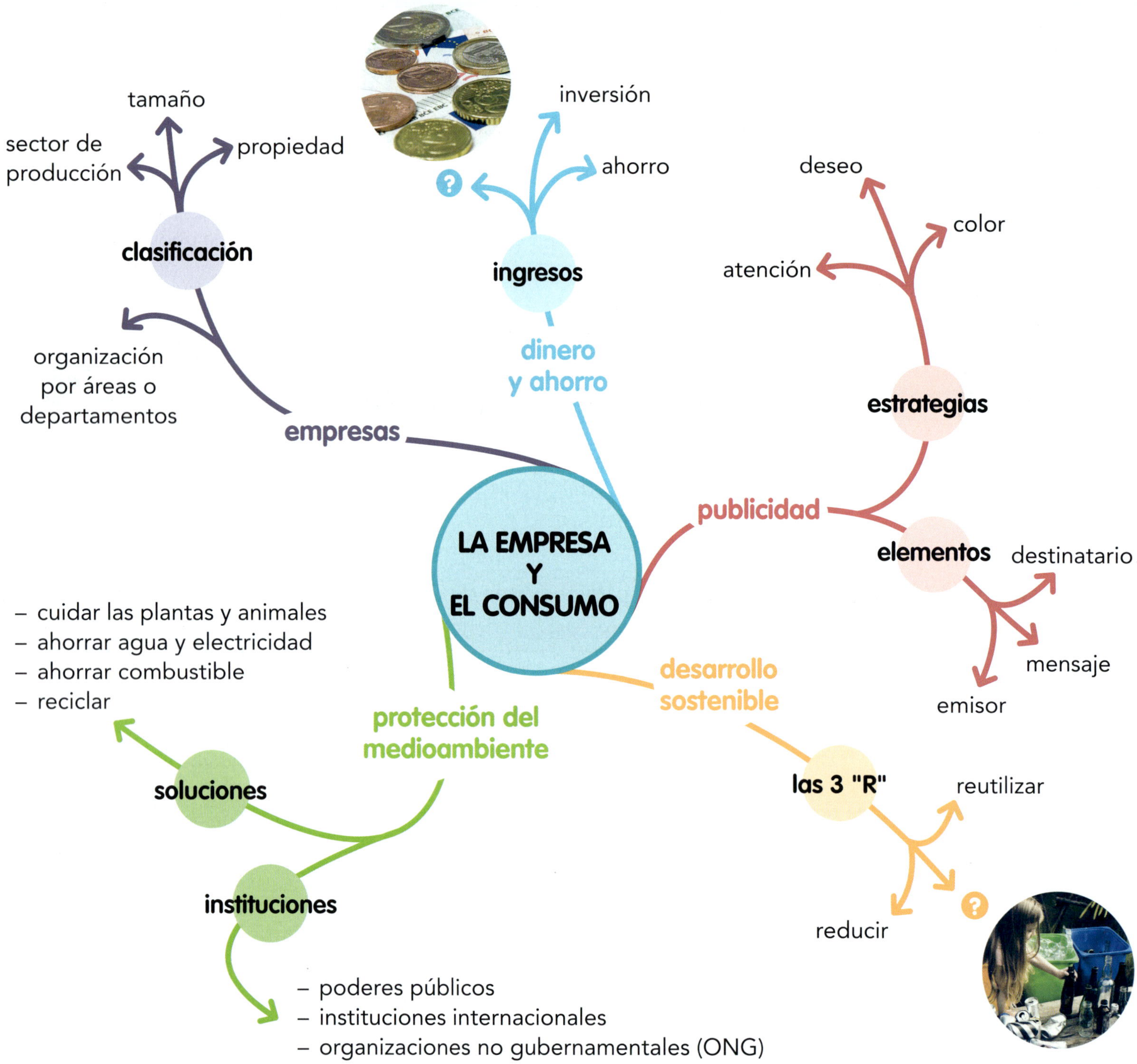

2. Escribe una redacción:

- Redacta un breve texto en el que expliques qué elementos tendrías en cuenta para diseñar un anuncio publicitario. Hazlo a partir de un ejemplo de un producto o servicio.
- Para ello, utiliza estos conceptos: emisor, destinatario, mensaje, atención, deseo, color.

3. Imagina que debes crear un anuncio publicitario. Copia en tu cuaderno el cuadro siguiente y escribe cinco productos o servicios que conozcas bien. Después, describe qué necesidades parecen satisfacer y di a qué personas van dirigidos.

Producto/ Servicio	Necesidad que satisface	A quién se dirige

4. Elabora el presupuesto personal de la familia de María:
   - Suma los ingresos familiares. Después, suma los gastos.
   - Calcula la diferencia entre los ingresos y los gastos.
   - ¿Qué cantidad destinan al ahorro? Decide cómo podrían ahorrar más y justifica tu respuesta.

- Ingresos
  - Familiares (madre, padre, tutor…): 2600 €
- Gastos
  - Hipoteca: 800 €
  - Alimentación: 400 €
  - Ropa: 150 €
  - Agua, luz y gas: 150 €
  - Seguro de coche: 300 €
  - Teléfono (fijo, móvil e Internet): 100 €
  - Clases extraescolares: 120 €
  - Material escolar: 25 €
  - Juguetes: 100 €
  - Restaurantes: 120 €
  - Otras actividades de ocio: 200 €

Valoro mi aprendizaje

- Reconozco qué producen las empresas.
- Sé qué son el dinero y el ahorro.
- Conozco para qué sirve la publicidad.
- Sé analizar los recursos naturales que consumimos.
- Soy capaz de construir un proyecto.

1 Nada
2 Muy poco
3 Ni mucho ni poco
4 Mucho
5 Muchísimo

¡No te olvides de pasar por el Gimnasio para practicar algunos ejercicios! ¡clic! ¡clic!

Practico competencias

Mi familia y yo pasaremos un fin de semana en la montaña. Nos gustaría visitar la zona llamada *Cinco Picos*, y yo me encargaré de planificar la excursión. ¡Quiero prepararlo todo con mucha atención para que salga muy bien!

La zona de los Cinco Picos

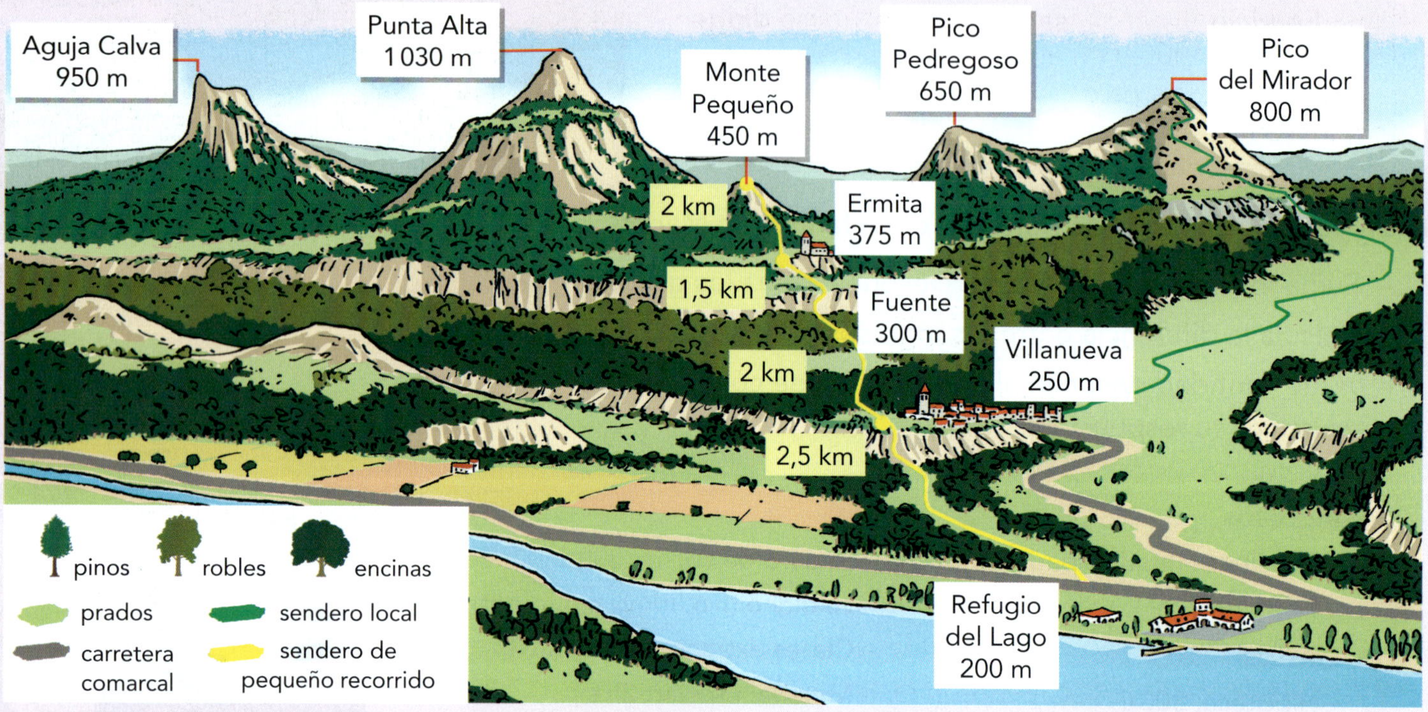

1. Fíjate en el dibujo de la zona de los Cinco Picos y realiza las actividades:
   - Describe el paisaje (relieve, vegetación y agua). ¿Qué otros elementos ves representados?
   - Copia en tu cuaderno un gráfico como el de debajo y dibuja todas las montañas de la zona de los Cinco Picos siguiendo el ejemplo. Debes ordenarlas según la altitud que tienen e identificarlas con su nombre y metros.

Altitud de los Cinco Picos

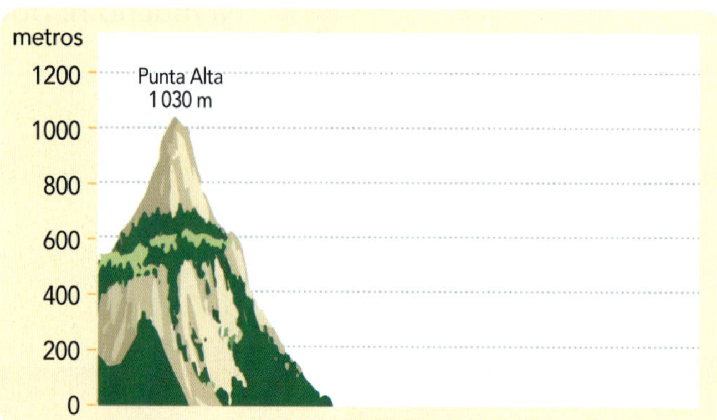

2. Los Cinco Picos se encuentran en una zona de clima mediterráneo continental muy próxima al clima de montaña. Resuelve:

   Fíjate en el climograma y decide cuál es la mejor época del año para ir de excursión. Piensa que para realizar una travesía de montaña sin complicaciones tendrían que darse estas condiciones:
   - Poca probabilidad de lluvia.
   - Temperaturas ni muy altas ni demasiado bajas.

Climograma de la zona de los Cinco Picos

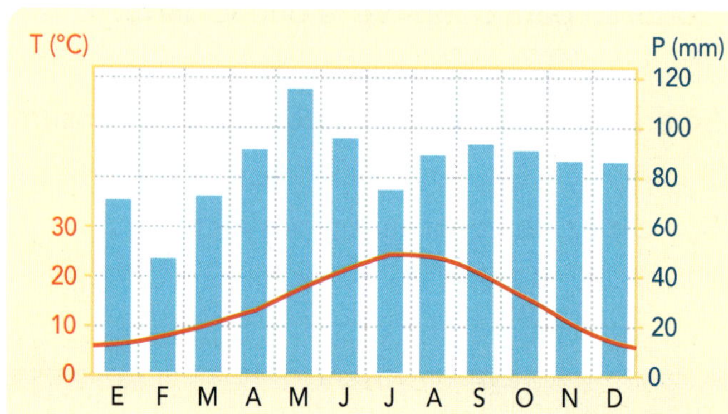

3. Una de las excursiones recomendadas es la que sube al Monte Pequeño, a través de un sendero considerado de pequeño recorrido (PR). Busca en Internet otros tipos de senderos y el color con que los podemos identificar. Pinta las diferentes marcas en tu cuaderno.

4. Pensad que atravesaréis una zona de montaña que se debe respetar. Anotad en el cuaderno las acciones que debéis llevar a cabo para cuidar el medioambiente relacionadas con:
   - La conservación de las plantas y los árboles.
   - El respeto a los animales.
   - Los residuos que se generen durante la excursión.
   - El lugar en el que depositaremos estos residuos para que puedan ser reciclados correctamente.

5. El recorrido propuesto para la excursión podría ser desde el Refugio del Lago hasta el Monte Pequeño. Resuelve estos ejercicios:
   - Calcula cuántos kilómetros hay que recorrer para ir desde el Refugio del Lago hasta el Monte Pequeño.
   - Calcula también qué diferencia de altitud hay entre esos dos puntos.
   - Teniendo en cuenta que podéis caminar unos 4 km cada hora, ¿cuánto tiempo tardaríais en subir a la cumbre y regresar al refugio, sin contar las paradas para descansar?
   - Dibuja un perfil de altimetría del recorrido siguiendo el ejemplo. Además del refugio, sitúa la localidad de Villanueva, la fuente, la ermita y el Monte Pequeño.
   - A partir de los ejercicios que has resuelto en esta actividad, haz una programación del día: hora de salida, paradas para descansar, lugar previsto para desayunar y comer y hora prevista de regreso.

Altimetría de la excursión: Refugio del Lago-Monte Pequeño

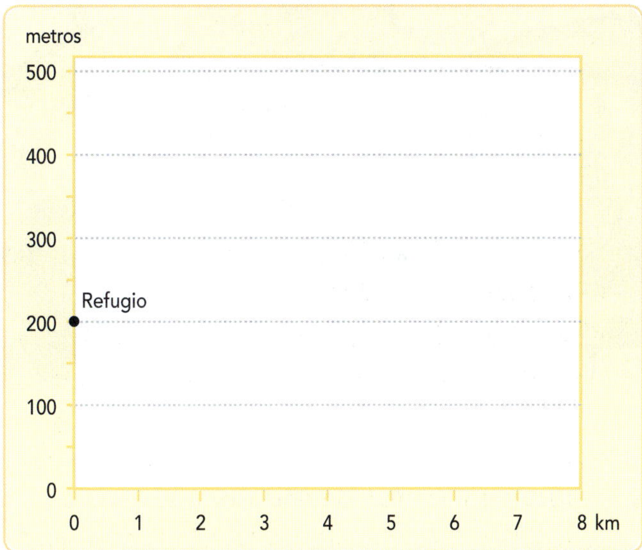

6. Ayudándote de todas las actividades que has realizado en esta doble página, haz el programa general de la excursión. Tiene que constar esta información:
   - Lugar elegido. Descripción y atractivos paisajísticos y turísticos que ofrece.
   - Días escogidos. Temperaturas y precipitaciones esperadas y número de horas de sol diarias.
   - Entorno. Cuidado del medio natural que se visita.
   - Excursión. Paisajes que se atraviesan y descripción de la ruta a seguir.
   - Ropa y material necesarios. Hay que tener en cuenta qué tiempo se espera y qué tipo de excursión se va a realizar.

4 La nueva sociedad liberal

Vas a aprender a...

- descubrir el nacimiento de la industria moderna y las nuevas fuentes de energía
- comprender cómo se formó la sociedad de clases y se organizó el capitalismo
- valorar la forma de vida de los obreros y obreras de las fábricas
- analizar qué era el liberalismo y su difusión
- distinguir qué características tuvo el proceso de industrialización en España
- explicar la Guerra de la Independencia y cuál fue la labor de las Cortes de Cádiz
- identificar los distintos gobiernos que hubo en España entre 1814 y 1902: de la monarquía absoluta a la monarquía parlamentaria
- apreciar el arte del siglo XIX

Las Cortes de Cádiz

El conde Manuel de los Llanos era uno de los diputados por Cádiz e iba a hacer una intervención en las nuevas Cortes. Su discurso trataría sobre el derecho de la mujer a la educación, y doña Amalia había decidido que lo presenciarían.

La iglesia de San Felipe, convertida en salón para las Cortes, no era grande. La presidencia se había situado en el altar y los diputados ocupaban la nave central, acomodados en asientos. Cerca de la puerta se habían instalado unas gradas, reservadas para el pueblo.

Cuando llegó su turno, el conde se levantó de su asiento y avanzó dos pasos hasta el centro del pasillo. Tenía una voz clara y potente, y se hizo el silencio mientras pedía una ley que obligase tanto a la educación de las niñas como de los niños.

–Con un programa adecuado a su sexo –dijo–, en escuelas dirigidas por maestras bien preparadas, la nación tendrá a madres que sabrán educar mejor a sus hijos. Tendremos...

–¡Marisabidillas que no sabrán guisar!

–¡Marisabidilla lo será tu madre! ¡El diputado tiene razón!

Los gritos habían salido de la tribuna del público y fueron acogidos con una carcajada. El presidente agitó la campanilla, pero no le hicieron caso. Al final se hizo el silencio y el conde terminó su discurso.

María Isabel MOLINA: *La Pepa (1808-1812). Tiempos de Constitución.*
Madrid, Alfaguara Juvenil, 2008 (adaptación).

1. ¿Dónde se sitúa la escena del texto? ¿En qué época? ¿Qué son las Cortes? ¿Qué cargo tenía Manuel de los Llanos?
2. El texto muestra un debate. Explica en qué consistía la propuesta que defendía el conde y qué le respondieron sus detractores.

Pienso

- ¿Qué sabes sobre la industrialización?
- ¿Y sobre la vida de los hombres, mujeres y niños que trabajaban en las fábricas?

Me interesa

- Observa el cuadro y describe la escena que muestra.
- ¿Crees que el cuadro tiene alguna relación con el texto?

Reflexiono

- ¿Con qué opción de las dos presentadas en el debate del texto estás más de acuerdo? Piensa cinco argumentos que apoyen tu punto de vista.

¿Cómo cambió el mundo la Revolución Industrial?

La Edad Contemporánea se inicia con la Revolución francesa (1789) y se caracteriza por la mecanización de la producción de bienes (industrialización) y la introducción de nuevas formas de gobierno (liberalismo y democracia).

La Revolución francesa y la Revolución Industrial originaron una serie de cambios tan profundos que modificaron radicalmente la sociedad europea.

Busco y defino:

- barbecho
- hambruna
- máquina de vapor
- éxodo rural
- mecanización
- industrialización

La mejora de la agricultura

Desde finales del siglo XVIII, una serie de **innovaciones científicas y técnicas** transformaron profundamente la agricultura. Las principales mejoras fueron:

- La **rotación de cultivos** sustituyó el barbecho (dejar la tierra sin sembrar para que recupere sus nutrientes) por el cultivo de plantas forrajeras o legumbres.
- El uso de **abonos** para fertilizar la tierra.
- La extensión del cultivo de **productos llegados de América**, como el maíz y la patata.
- La difusión de **nuevas máquinas** para realizar las tareas agrícolas: arar, sembrar, segar y trillar.

Estas innovaciones permitieron ahorrar mano de obra y aumentar la producción de alimentos.

Por primera vez en la historia, las máquinas eran movidas por una energía inanimada, el vapor. Anteriormente se movían gracias a la fuerza animal, humana, del agua o del viento.

El aumento de la población

La mejor alimentación permitió el **aumento de la población**. Desaparecieron las grandes hambrunas, que comportaban una alta mortalidad, y el número de nacimientos fue superando al de defunciones.

Una parte de la población rural se quedó sin trabajo en el campo a causa de la mecanización agrícola. En consecuencia, muchos campesinos se desplazaron hacia las ciudades (**éxodo rural**) en busca de empleo en las nuevas fábricas.

Además, el crecimiento demográfico generó **nuevos consumidores** para la producción masiva de bienes de la industria.

La población europea en el siglo XIX

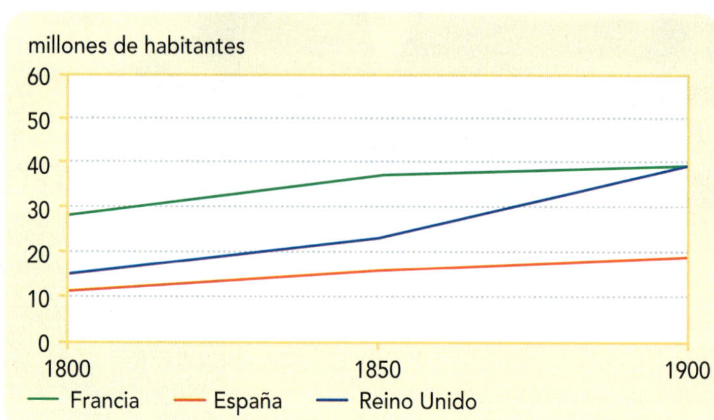

Profundizo: Un nuevo sistema de producción

La industria

La Revolución Industrial fue un proceso que cambió radicalmente las antiguas formas de producción artesanal.

A partir del siglo XVIII, la producción de bienes empezó a realizarse en **fábricas**, que reunían a un gran número de obreros y utilizaban máquinas movidas por la fuerza del vapor.

La **máquina de vapor** generaba energía gracias a la combustión del carbón, y se convirtió en el símbolo de la nueva era industrial.

Los dos primeros sectores que se industrializaron fueron el textil y la siderurgia.

La locomotora contiene una máquina de vapor que genera energía para mover las ruedas.

La máquina de vapor de una fábrica textil

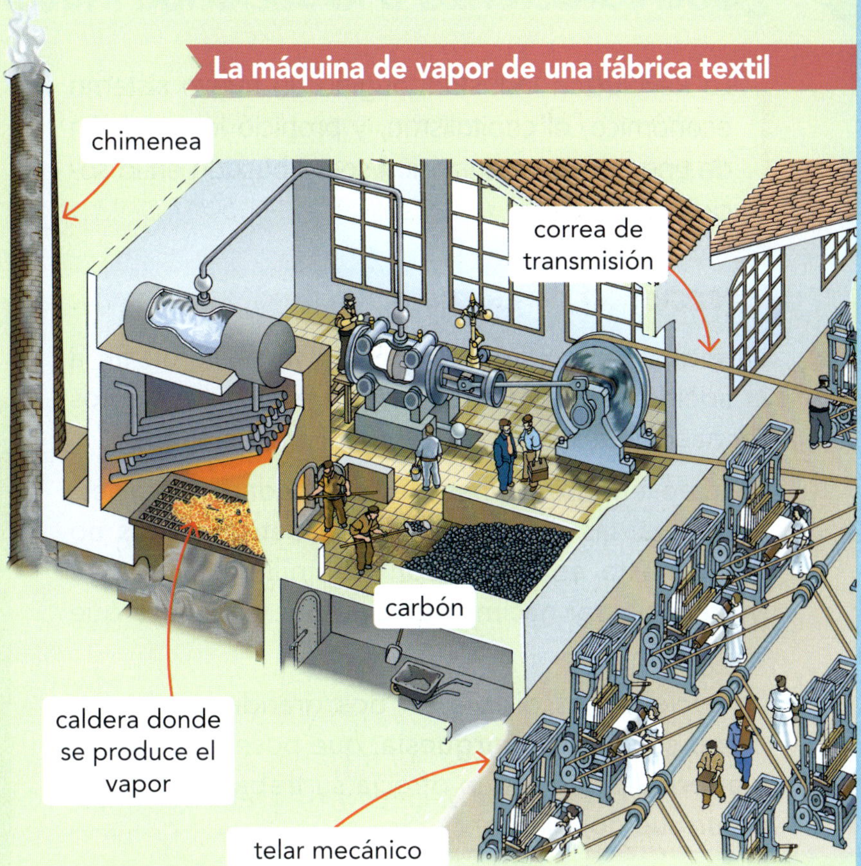

El comercio y los transportes

Gran parte de los nuevos productos que fabricaban las industrias debían venderse en lugares alejados y había que transportarlos en mayores cantidades y más rápidamente.

Todo esto fue posible gracias al **aumento del comercio** (tanto a larga como a corta distancia) y a la aparición de **nuevos medios de transporte**, como el ferrocarril y el barco de vapor.

Comprendo, aplico y razono

1. ¿Qué diferentes máquinas agrícolas muestra el dibujo de la página 72? ¿Qué fuente de energía usan algunas de ellas?
2. ¿Qué innovaciones permitieron el aumento de la producción agrícola?
3. ¿Puedes establecer alguna relación entre el aumento de la producción agrícola y el crecimiento de la población?
4. ¿Qué es la máquina de vapor? ¿Crees que fue la invención más importante de la Revolución Industrial? ¿Por qué?
5. ¿Por qué los primeros ferrocarriles e industrías sacaban mucho humo por su chimenea? ¿Continúa habiendo industrias y ferrocarriles en la actualidad? ¿Qué cosas han cambiado más desde sus orígenes?

¿Qué caracteriza a la sociedad industrial?

La Revolución Industrial originó un nuevo sistema económico, el capitalismo, y propició la aparición de una nueva organización social basada en la sociedad de clases.

Busco y defino:
- capitalismo
- burguesía
- propiedad privada
- clase social
- proletariado
- suburbio

La sociedad de clases

La industrialización y el liberalismo pusieron fin a la sociedad estamental basada en los privilegios de nacimiento (nobleza, clero y campesinado).

Se creó entonces una nueva sociedad de clases, en la cual las diferencias venían determinadas no como hasta entonces por la familia a la que se pertenecía por nacimiento, sino por la **riqueza** que se poseía.

La sociedad se dividió en dos grandes grupos o clases sociales: la **burguesía**, que poseía el capital, y el **proletariado**, que ofrecía su trabajo a cambio de un sueldo (dinero).

¿Qué es el capitalismo?

El capitalismo es un sistema económico que se basa en la **propiedad privada**. La burguesía posee capital, que invierte en la creación de negocios (industrias, ferrocarriles, etc.) para obtener unos beneficios.

El motor de la economía es la **obtención del máximo beneficio**, y las empresas compiten entre sí para producir a mejor precio y vender más.

Además, se considera que el Estado no debe intervenir en los asuntos económicos y que el comercio debe poder hacerse sin ningún tipo de restricciones.

La sociedad industrial

Burguesía

ALTA

- industriales
- banqueros
- rentistas

MEDIA

- profesionales
- comerciantes
- funcionarios

La **burguesía** era propietaria de las tierras, las fábricas, las máquinas, las materias primas, los productos y los beneficios de sus negocios.

Proletariado

- empleados
- obreros

- artesanos
- jornaleros
- sirvientes

El **proletariado** vivía de su trabajo y se empleaba por un salario.

Comprendo, aplico y razono

6. ¿En qué se diferencia una sociedad estamental de una sociedad de clases?
7. ¿Cuáles son las dos clases surgidas de la industrialización? ¿Qué las diferenciaba?
8. Explica las cinco características básicas del capitalismo. ¿A qué crees que debe su nombre?
9. Observa las dos viviendas y explica sus condiciones de vida particulares. ¿Cómo reflejan la distinta posición social?
10. ¿Crees que en la sociedad actual los diferentes grupos sociales se diferencian por su nivel de riqueza? Justifica tu respuesta.

▸ **Profundizo:** Burgueses y obreros

La industrialización atrajo a la población a las ciudades, donde estaban las fábricas, y se construyeron nuevos barrios que mostraban las diferencias sociales.

Los obreros y obreras se instalaron en los suburbios cercanos a las fábricas. Las calles no estaban asfaltadas, carecían de alcantarillado y a menudo no reunían las condiciones necesarias de salubridad e higiene.

Las viviendas solían ser pequeñas, el mobiliario escaso y a menudo eran compartidas por varias familias.

Una vivienda obrera

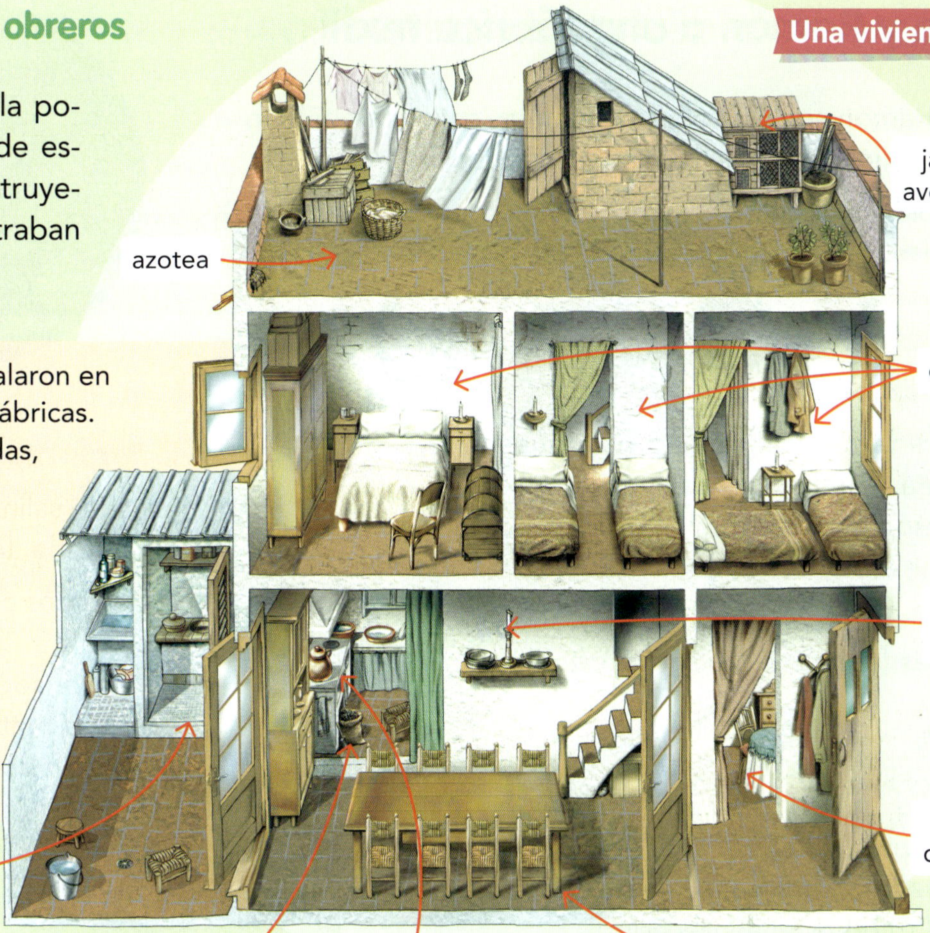

Una vivienda burguesa

Los barrios burgueses contaban con amplias avenidas, en las que empezaron a circular los tranvías, y espacios ajardinados para el ocio. En ellos se levantaron edificios de varios pisos con lujosas residencias.

Carmen y Ramón a una fábrica textil

Carmen y Ramón son dos obreros textiles, como también lo son sus dos hijos mayores, Luisa de 12 años y Pedro de 10.

Junto a ellos descubriremos cómo eran las fábricas del siglo XIX y cómo vivían los trabajadores y trabajadoras.

La fábrica, un gran edificio

Camino a la fábrica, Ramón nos muestra la **chimenea** por la que sale el humo de la combustión del carbón, y el gran edificio que reúne a obreros y máquinas.

El aire gris que se respira es muy agobiante porque las fábricas expulsan mucho humo.

Las naves de producción

Primero visitamos la nave de los **telares** donde trabaja Ramón. ¡Al menos hay 50 telares y el ruido es ensordecedor!

A continuación subimos a la nave donde se fabrica el **hilo**, en la que trabaja Carmen. Es un proceso muy complejo que requiere de muchas máquinas diferentes.

La máquina de vapor

Hemos conseguido un permiso especial para ver la máquina de vapor, que llaman "la burra".

Esta máquina requiere mucha atención y cuidados, ya que si se estropea no hay energía y toda la fábrica queda paralizada.

El ferrocarril

Cuando salimos de la fábrica el humo y el ruido del ferrocarril nos sorprenden.

Ramón nos cuenta que este nuevo medio de transporte es muy importante para transportar con facilidad el carbón y la materia prima, y distribuir los tejidos elaborados.

Una fábrica del siglo XIX

Cómo vivían...

Carmen nos espera en la puerta de su casa, que es pequeña y sencilla.

Nos explica que sus padres eran campesinos que se trasladaron a la ciudad para buscar empleo en las nuevas fábricas.

El alimento cotidiano de las familias obreras es la **harina**, en forma de pan o de gachas, y las **patatas**. Solo en contadas ocasiones comen carne, fruta, verdura o pescado.

Para agasajarnos, Carmen ha comprado un poco de carne, que ha guisado con patatas y pimientos. Es una comida sencilla, pero... ¡huele de maravilla!

Las mujeres vestían falda larga, blusa, mantón y a menudo un delantal. La camisa y las alpargatas formaban la vestimenta de los obreros.

... y trabajaban los obreros y las obreras

Ramón es tejedor, un trabajo de gran responsabilidad. Carmen es hiladora y tiene un sueldo más bajo. Pedro y Luisa ayudan en la fábrica a anudar los hilos bajo los telares.

Todos los miembros de las familias obreras deben trabajar en la fábrica para tener unos ingresos que les permitan vivir.

Las **jornadas laborales** son largas, entre 10 y 12 horas, y solo tienen un día festivo a la semana.

Carmen está muy orgullosa de que sus hijos acudan unas pocas horas al día a la escuela para aprender a leer y a escribir: ¡ni ella ni su marido saben hacerlo!

Gastos diarios de una familia obrera de 4 miembros

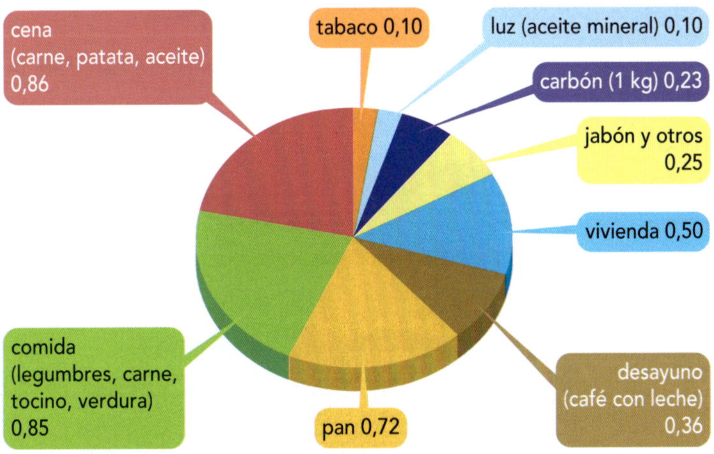

Total: 3,97 pesetas

Elaboro mi cuaderno de viaje

11. Escribe en tu cuaderno de viaje todo lo que has aprendido sobre cómo eran las fábricas del siglo XIX y cómo vivían los obreros y las obreras. Para tu relato, debes tener en cuenta los aspectos siguientes:

- Cómo era una fábrica y de qué partes constaba.
- Qué energía utilizaba y de dónde provenía.
- Por qué era muy importante estar cerca del ferrocarril.
- Cuáles eran las condiciones de vida (vivienda, alimentacion, vestido...) y de trabajo (horas de trabajo, salarios, trabajo infantil...) de los obreros.

12. En muchos países actuales el trabajo infantil está prohibido, pero en algunos sigue existiendo:

- Reuníos en parejas y pensad cinco razones por las que el trabajo infantil debe estar prohibido.
- ¿Por qué creéis que es necesario que los niños y las niñas vayan a la escuela?

¿Cómo cambió la forma de gobierno y la sociedad?

De súbditos a ciudadanos y ciudadanas

A lo largo del siglo XVIII, y paralelamente al proceso de industrialización, se inició en Europa una nueva forma de gobernar, el **liberalismo**, que sustituyó al absolutismo.

Este cambio político fue unido a la Revolución francesa de 1789, que puso fin a un sistema social dominado por la nobleza y gobernado por un rey absoluto.

Busco y defino:
- absolutismo
- liberalismo
- división de poderes
- soberanía nacional

El absolutismo: ¿el Estado era el rey?

En la Edad Moderna se había impuesto en Europa la **monarquía absoluta**, una forma de gobierno en la que el rey se creía el representante de Dios y concentraba todo el poder en sus manos.

Los reyes tenían el apoyo de la nobleza y el clero, los **estamentos privilegiados**, que eran los propietarios de la tierra y no pagaban impuestos; además, las leyes se hacían para defender sus intereses. El resto de la sociedad eran súbditos obligados a pagar impuestos y sin ningún tipo de derecho.

Luis XIV de Francia, el "rey Sol", fue el modelo de monarca absoluto.

¿Qué proponía la Ilustración?

A lo largo del siglo XVIII, una serie pensadores defendieron la necesidad de poner fin a los privilegios sociales y el derecho del pueblo a elegir a sus gobernantes. A esta forma de pensar se la llamó **Ilustración**.

Las ideas ilustradas influyeron en la **burguesía**, un grupo social que tenía educación y había aumentado su riqueza. La burguesía reclamaba participar en el poder, que estaba exclusivamente en manos del rey y la nobleza.

¿Por qué fue importante la Revolución francesa?

En 1789 estalló en Francia una revolución, impulsada por la burguesía y apoyada por las clases populares, que puso fin a la monarquía absoluta e impuso un gobierno inspirado en las ideas de la Ilustración.

Esta nueva forma de gobernar tenía sus pilares fundamentales en la **Declaración de Derechos del Hombre y del Ciudadano**, el respeto a la Constitución, el derecho al voto y la división de poderes.

El **liberalismo** se fue imponiendo en Europa en el siglo XIX, y estuvo en el origen del desarrollo de la democracia.

La Declaración de Derechos del Hombre y del Ciudadano reconocía las libertades y derechos de que goza el ser humano.

Profundizo: Qué diferencia el absolutismo del liberalismo

EL ABSOLUTISMO SE BASA EN...

Derecho divino. La autoridad del rey proviene directamente de Dios y nadie puede oponerse a él.

Poder absoluto. El rey concentra en su persona todos los poderes (legislativo, ejecutivo y judicial).

Arbitrariedad. La ley se identifica con la voluntad del rey.

Desigualdad social. Sociedad sin ningún tipo de derecho y existencia de estamentos privilegiados (nobleza y clero).

ABSOLUTISMO
No existe separación de poderes

REY
se cree elegido por Dios y su representante en la Tierra

ejerce todos los poderes

Poder legislativo | Poder ejecutivo | Poder judicial

sobre

los súbditos que obedecen

EL LIBERALISMO SE BASA EN...

La libertad y la igualdad. Todos los seres humanos son libres e iguales ante la ley.

La Constitución. Esta ley fundamental marca los límites del poder y garantiza los derechos y libertades de los ciudadanos.

La soberanía nacional. Los ciudadanos tienen el derecho a elegir a sus gobernantes mediante el voto.

La división de poderes. Los tres poderes (legislativo, ejecutivo y judicial) deben estar separados. El poder judicial debe ser independiente de los otros dos poderes.

LIBERALISMO
Separación de poderes

GOBIERNO
Poder ejecutivo
aplica las leyes y gobierna

elige

PARLAMENTO
Poder legislativo
elabora las leyes

TRIBUNALES DE JUSTICIA
Poder judicial
garantiza el cumplimiento de la ley

eligen

los ciudadanos con derechos
Soberanía Nacional

Comprendo, aplico y razono

13. Luis XIV de Francia dijo: "El Estado soy yo". ¿Crees que esta frase resume los principios del absolutismo? Argumenta tu respuesta.
14. Observa el esquema y explica las diferencias entre absolutismo y liberalismo.
15. ¿Qué sistema te parece mejor: el absolutismo o el liberalismo? ¿Por qué?
16. Busca información en Internet y explica qué derechos básicos del ser humano se reconocen en la Declaración de Derechos de 1789.
17. ¿Crees que los actuales gobiernos democráticos, como el de España, siguen basándose en los cuatro principios básicos del liberalismo? Justifica tu respuesta.

La industrialización en España

La industrialización en España se realizó con retraso respecto a los países más avanzados de Europa, y la industria se inició solo en algunos territorios (Cataluña, País Vasco, Asturias...).

Durante una buena parte del siglo XIX, España siguió siendo un país **esencialmente agrícola**, con un gran número de campesinos, una burguesía débil y pocos obreros.

Obstáculos para la industrialización

- Escasa capacidad de compra de la población española.
- Escasez de fuentes de energía (carbón).
- Problemas de transporte y comercio debido a que las montañas dificultan las comunicaciones.

La industrialización de España en el siglo XIX

¿Por qué creció la población de España?

La población española pasó de 11,5 millones de habitantes en el año 1797 a 18,6 millones en 1900, lo cual representó un aumento aproximado del 60 %.

Este crecimiento fue menor que el de otros países europeos debido principalmente a que la población dependía de una agricultura atrasada, que comportaba una alimentación deficiente y facilitaba la **expansión de las enfermedades** y de la **mortalidad**.

El crecimiento demográfico produjo un **éxodo campesino** hacia las ciudades, y Madrid y Barcelona superaron los 500 000 habitantes.

¿Por qué se mantuvo una agricultura tradicional?

Uno de los problemas que tuvo la industrialización española fue el retraso en la modernización del campo.

El hecho de que buena parte de la tierra estuviese en manos de grandes propietarios (**latifundios**) y la abundancia de **mano de obra a bajo precio** retrasaron la mecanización, la introducción de las nuevas técnicas y mantuvieron una **baja productividad**.

Además, la pobreza de una buena parte del campesinado (**jornaleros**) no contribuyó a crear los consumidores que hubiera necesitado la expansión de la industria.

Pintura de finales del siglo XIX que muestra el trabajo de los jornaleros andaluces.

¿Dónde se localizaron las zonas industriales?

El primer sector productivo que se industrializó en España fue, como en el resto de Europa, el textil. Se concentró esencialmente en **Cataluña**, donde desde mediados del siglo XVIII ya existía una importante producción manufacturera de tejidos.

En la segunda mitad del siglo XIX se desarrolló en el **País Vasco** la industria siderúrgica, aprovechando las importantes minas de hierro de Bilbao.

También **Asturias** fue un foco industrial como consecuencia de la existencia de minas de carbón.

Fábrica de altos hornos de hierro y acero de Baracaldo, Vizcaya, en 1883.

¿Fue beneficiosa la construcción del ferrocarril?

La red ferroviaria se inauguró en 1848 y siguió una **estructura radial,** con centro en Madrid, que no facilitaba la comunicación entre los centros industriales.

Además, el empleo de un **ancho de vía** entre carriles superior a la mayoría de las líneas europeas dificultó los intercambios con el resto de Europa.

A pesar de estas limitaciones, el ferrocarril favoreció el traslado de carbón, personas y mercancías, fomentando el comercio y la industrialización.

La construcción del ferrocarril en España (1848-1890)

Comprendo y explico

18. Fíjate en el mapa de la industrialización española:
- Cita las principales zonas y productos agrícolas en el siglo XIX.
- ¿Qué regiones industriales o mineras eran las más relevantes?

19. Razona si existe alguna relación entre el atraso agrícola de España y el hecho de que la población creciese más lentamente que en otros países.

20. Observa el mapa ferroviario:
- Explica qué estructura tiene el trazado ferroviario en España.
- ¿Qué problemas tuvo este trazado? ¿Crees que el ferrocarril fue beneficioso para la industrialización?

21. Haz una redacción que explique por qué la industrialización española fue más débil que la de otros países europeos y qué obstáculos tuvo que vencer. Utiliza estos conceptos: latifundio, agricultura tradicional, jornaleros, textil, siderurgia, carbón, ferrocarril.

La España del siglo XIX (1): entre absolutistas y liberales (1808-1833)

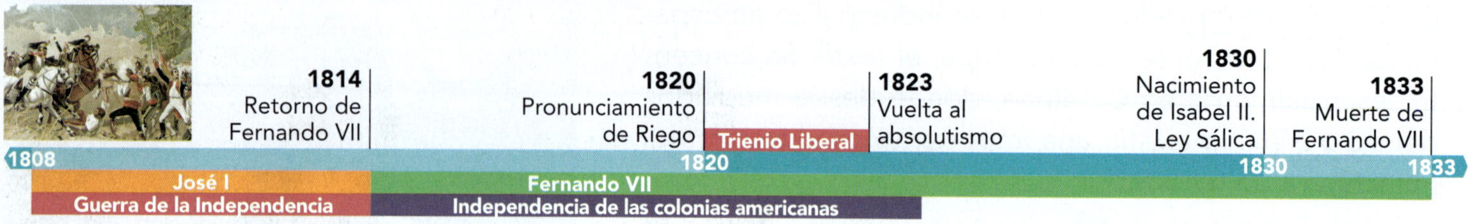

Como en muchos otros países de Europa, en España las primeras décadas del siglo XIX fueron de enfrentamiento entre los partidarios del absolutismo y del liberalismo.

La Guerra de la Independencia y las Cortes de Cádiz (1808-1814)

El desarrollo de la guerra

Al iniciarse el siglo XIX reinaba en España **Carlos IV** de Borbón como monarca absoluto. En 1808, el país fue invadido por las tropas francesas de Napoleón Bonaparte.

El ejército español se enfrentó a los invasores, que sufrieron la primera derrota en la batalla de **Bailén** (1808). Además, la población civil organizó numerosos grupos de guerrilleros que se enfrentaron a los franceses.

La guerra se prolongó hasta 1814, cuando las tropas napoleónicas se retiraron.

Las Cortes de Cádiz

Para oponerse al gobierno de **José Bonaparte**, que había sido impuesto como rey de España por los franceses, se crearon las **Juntas de Defensa**.

Las Juntas, impulsadas por grupos de liberales, se erigieron en representantes legítimos del pueblo con la misión de gobernar el país y organizar la resistencia frente a los invasores.

Estos representantes se reunieron en las Cortes de Cádiz (Parlamento) y aprobaron la **primera constitución española** en 1812.

La Carga de los Mamelucos, cuadro de Goya que muestra el levantamiento del pueblo de Madrid contra los franceses el 2 de mayo de 1808.

Para saber más sobre la Guerra de la Independencia, entra en:
www.tiching.com/774430

Comprendo y explico

22. ¿Por qué el siglo XIX se inició en España con el enfrentamiento entre absolutistas y liberales? Identifica y resume las diferentes etapas que tuvo este periodo.

Las diferentes opciones políticas

Los españoles adoptaron diferentes posturas frente a la invasión francesa:

AFRANCESADOS

Una minoría colaboró con los franceses.

PATRIOTAS

Una mayoría se opuso a los invasores y luchó por el regreso de Fernando VII, el hijo de Carlos IV, que se hallaba en Francia. Se dividía en:

- **Absolutistas**. Partidarios de mantener el absolutismo.
- **Liberales**. Deseaban implantar el liberalismo en España.

La monarquía absolutista: Fernando VII (1814-1833)

El retorno al absolutismo

En 1814, **Fernando VII**, llamado el Deseado, regresó a España.

Los liberales esperaban que jurase la Constitución aprobada en 1812 y se convirtiese en un monarca constitucional. Sin embargo, el rey clausuró las Cortes, anuló la Constitución y derogó las leyes aprobadas en Cádiz. Fue la vuelta al absolutismo.

La oposición de los liberales: el Trienio Liberal

Para oponerse al absolutismo, los liberales, con el apoyo de una parte del ejército, se organizaron en sociedades secretas para instaurar de nuevo la Constitución de 1812.

En 1820 triunfó un pronunciamiento liberal impulsado por el **coronel Riego**, y el rey aceptó la Constitución de Cádiz. Fue el Trienio Liberal.

En 1823 el rey impuso de nuevo el absolutismo e inició la etapa final de su reinado, en la cual se independizaron las colonias americanas.

El rey Fernando VII, pintado por Francisco de Goya.

23. Imaginad que estamos en plena invasión francesa. Organizad un debate a tres: un alumno o alumna adoptará la posición de un afrancesado; otro, de un liberal; y el tercero, de un absolutista.

24. Observa el cuadro de Goya del 2 de mayo de 1808:
- ¿Qué personajes aparecen? ¿Qué representan?
- Busca información y explica qué sucedió en esa fecha en Madrid.

Analizar la Constitución de 1812

Durante la ocupación napoleónica, los liberales aprovecharon que la mayoría de españoles no reconocía a José I como rey legítimo para elegir a sus representantes, reunir unas Cortes y elaborar una Constitución. Esta Constitución fue promulgada en 1812 y es conocida como "la Pepa".

Para saber más sobre la Constitución de 1812, entra en: www.tiching.com/774064

Comprendo los documentos

1 Las Cortes de Cádiz

En 1810, las Juntas de todas las provincias de España enviaron a sus representantes a la ciudad de Cádiz, la única que no había sido ocupada por las tropas francesas.

Se reunieron unos **300 representantes** o diputados, que formaron las Cortes de Cádiz. Su objetivo era redactar y aprobar una **Constitución**.

Los diputados reunidos en Cádiz aprobamos la Constitución el día 19 de marzo (festividad de San José) de 1812. Así que, "¡Viva la Pepa!". En ella se reconocieron por primera vez algunos derechos que a ti te pueden parecer básicos, pero que en mi época fueron una gran revolución.

Reunión de Cortes en el Teatro Cómico de la isla de San Fernando de Cádiz, 1810.

Los diputados aquí reunidos, que representan a la nación española, se declaran constituidos en Cortes generales en las que reside la soberanía nacional.

(...) Estas Cortes generales se reservan el ejercicio del poder legislativo en toda su extensión (...).

La Regencia jurará obediencia a las leyes y decretos que emanen de estas Cortes.

Decreto de las Cortes de Cádiz, 1810 (reelaborado).

25. ¿Por qué los españoles eligieron unas Juntas? ¿Cuál era su misión? ¿Qué se proponían al enviar a sus representantes a Cádiz?

26. Lee el decreto de las Cortes de Cádiz y explica qué dos principios liberales quedan establecidos en él.

2 La Constitución de 1812

La Constitución de 1812 fue una de las primeras constituciones del mundo, después de las que se habían redactado en Estados Unidos (1787) y Francia (1791).

En ella se recogen los **principios básicos del liberalismo**: declaración de derechos y libertades, soberanía nacional, separación de poderes y derecho al sufragio.

La Constitución fue promulgada en un acto muy solemne.

LA CONSTITUCIÓN DE 1812		
SOBERANÍA	→	Nacional
IDEOLOGÍA	→	Progresista
PODERES	→	EJECUTIVO LEGISLATIVO JUDICIAL
SUFRAGIO	→	Varones mayores de 25 años
DERECHOS	→	Individuales: • imprenta • propiedad • inviolabilidad del domicilio • igualdad ante la ley

- La nación no puede pertenecer a ninguna persona o familia y el rey no puede imponer sus leyes.
- Las leyes las elaboran las Cortes, junto al rey (poder legislativo).
- El rey firmará las leyes aprobadas por las Cortes y las hará cumplir (poder ejecutivo).
- Los jueces, a través de los tribunales, se encargarán de vigilar el cumplimiento de la ley (poder judicial).
- Todos los españoles son libres e iguales y deben contribuir a pagar los gastos del Estado.
- Los diputados serán elegidos por los españoles varones mayores de 25 años.
- Los españoles pueden manifestar, escribir y publicar sus opiniones políticas.
- Ninguna persona puede ser detenida de forma arbitraria y sin orden de un juez.

Resumen de algunos artículos de la Constitución de 1812 (reelaborado).

Aplico lo aprendido

27. ¿Crees que los impulsores de las Cortes y de la Constitución de 1812 eran afrancesados, liberales o absolutistas? Justifica tu respuesta.
28. ¿Por qué a la Constitución de 1812 se la conoce como "la Pepa"? ¿Qué significado tenía el grito de "¡Viva la Pepa!" en el siglo XIX? ¿Y en la actualidad?
29. Lee el resumen de algunos de los artículos de la Constitución de 1812, consulta el esquema y explica con tus propias palabras qué propone cada artículo.
30. ¿Todas las personas tenían derecho a voto según esta Constitución? ¿Quiénes no podían votar? ¿Sucede lo mismo en la actualidad?

La España del siglo XIX (2): Isabel II y el Sexenio Democrático (1833-1874)

Durante el reinado de Isabel II se instauró el liberalismo y, a partir de 1868, el sistema político español fue democratizándose, aunque con vaivenes y dificultades.

El reinado de Isabel II (1833-1868)

El conflicto sucesorio

Para que su hija Isabel puediera sucederle en el trono, en 1830 Fernando VII anuló la Ley Sálica, que prohibía reinar a las mujeres. Por este motivo, tras la muerte del rey en 1833, Isabel II fue coronada reina.

La guerra carlista

Los absolutistas no aceptaron a Isabel II y apoyaron al infante Carlos, hermano de Fernando VII, para sucederle en el trono (**carlistas**). Por su parte, los liberales apoyaron a Isabel II (**isabelinos**).

El enfrentamiento entre absolutistas y liberales comportó una guerra civil, que se extendió entre 1833 y 1840, y finalizó con el triunfo de los isabelinos.

La monarquía constitucional

Para ganarse el apoyo de los liberales, Isabel emprendió una serie de reformas para convertir España en una **monarquía liberal, constitucional y parlamentaria**.

Con ese fin, las **Cortes** aprobaron en 1837 una nueva Constitución, que instauró la división de poderes y reconoció algunos derechos ciudadanos.

También se concedió el voto a todos los varones mayores de 25 años que tuvieran una cierta riqueza (**sufragio censitario**).

Los gobiernos liberales emprendieron algunas reformas económicas para formentar el desarrollo agrícola e industrial, e iniciaron la construcción del ferrocarril.

La reina Isabel II jura una nueva Constitución, aprobada en 1845.

El Sexenio Democrático (1868-1874)

La revolución de 1868

En 1868, un **levantamiento militar** promovido por demócratas y republicanos llevó a Isabel II al exilio.

El objetivo de los revolucionarios era acabar con el autoritarismo en que había caído la monarquía y democratizar la vida política del país.

Tenían el apoyo de la pequeña burguesía y de las clases populares. Proponían el **sufragio universal masculino** y la **ampliación de las libertades** individuales, de prensa y de manifestación. Algunos también defendían poner fin a la monarquía y proclamar la **República**.

La inestabilidad política

Durante el Sexenio se sucedieron tres sistemas políticos, que no lograron consolidarse:

Gobierno Provisional (1868-1871)

En el año 1868 se convocaron las primeras elecciones, en España, por sufragio universal masculino.

Al año siguiente, las nuevas Cortes españolas aprobaron una constitución democrática.

Monarquía democrática (1871-1873)

Se eligió como rey a **Amadeo de Saboya**, un príncipe italiano, que fue coronado en 1871.

Dimitió ante las dificultades y la falta de apoyos con que contaba.

Primera República (1873-1874)

Las Cortes votaron la proclamación de la República, que tuvo que enfrentarse a una nueva guerra carlista y una insurrección en Cuba.

Un golpe de Estado militar restableció la monarquía.

Comprendo y explico

31. ¿Por qué el reinado de Isabel II se inició con una guerra civil? ¿Quiénes eran los isabelinos y los carlistas? ¿Qué defendían cada uno de ellos?

32. ¿Sabes qué diferencia el sufragio censitario del sufragio universal? ¿Crees que era realmente "universal" el sufragio aprobado en 1868?

33. ¿Qué diferentes etapas conoció el Sexenio Democrático? ¿Sabes qué diferencia una monarquía de una república?

34. Elabora un esquema como el siguiente que resuma la ideología de las diferentes opciones políticas en el siglo XIX:

Carlistas	
Liberales	
Demócratas	
Republicanos	

La España del siglo XIX (3): la Restauración monárquica (1874-1902)

1874 Golpe de Estado de Martínez Campos

1885 Muerte de Alfonso XII

1890 Sufragio universal masculino

1895 Inicio de la Guerra de Cuba

1898 Pérdida de las últimas colonias

1875 – 1880 – 1885 – 1890 – 1895 – 1900 – 1902

Reinado de Alfonso XII

Minoría de edad de Alfonso XIII (Regencia de María Cristina)

Alternancia en el poder entre conservadores y liberales

La monarquía alfonsina (1875-1885)

En 1874, un golpe de Estado militar, protagonizado por el **general Martínez Campos**, puso fin a la Primera República y restableció la monarquía.

Al año siguiente, el hijo de Isabel II, **Alfonso XII**, regresó del exilio y fue proclamado rey.

La restauración monárquica fue recibida con gran satisfacción por las clases altas (nobleza, burguesía), que deseaban un régimen liberal moderado que diera estabilidad al país.

Contribuyeron a la solidez del sistema una nueva Constitución y la pacificación bélica tras el fin de las guerras carlista y la de Cuba.

La monarquía española fue restaurada en la persona de Alfonso XII.

La Constitución de 1876

Era una constitución de carácter moderado, que proponía una monarquía constitucional.

Establecía unas cortes bicamerales formadas por un Congreso de Diputados y un Senado, y otorgaba amplios poderes al monarca.

El sufragio era restringido a los mayores contribuyentes hasta que, en 1890, se aprobó el sufragio universal masculino.

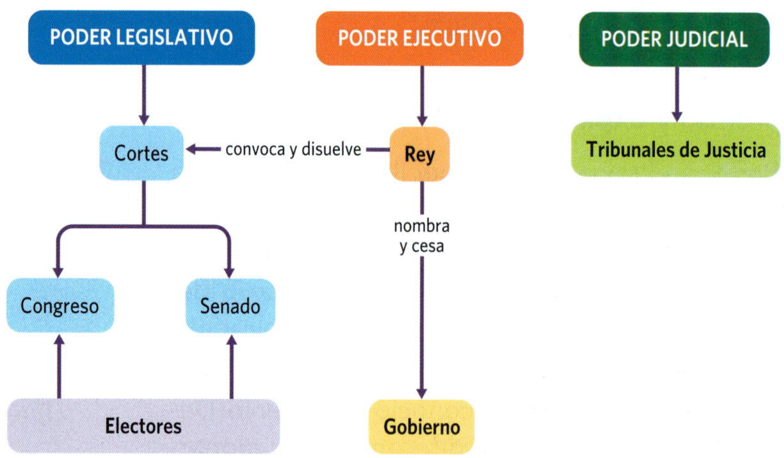

Antonio Cánovas (izquierda) y Práxedes Mateo Sagasta (derecha) fueron los líderes del partido conservador y del partido liberal, respectivamente.

El turno dinástico

Durante la Restauración se formaron dos grandes partidos monárquicos que se alternaron en el poder. Esta alternancia se conoce como el turno dinástico.

- El **partido conservador** agrupaba a los más conservadores y defendía el sufragio censitario.
- El **partido liberal** defendía el sufragio universal, la ampliación de los derechos ciudadanos y proponía algunas reformas sociales.

El funcionamiento del sistema político no era realmente democrático, porque una serie de personas influyentes presionaban fuertemente a los electores para que votasen a su candidato (**caciquismo**). Además, los partidos dinásticos a menudo manipulaban las elecciones y falseaban los resultados.

La regencia de María Cristina (1885-1902)

En 1885 murió Alfonso XII con tan solo 27 años de edad. Su hijo Alfonso XIII accedió al poder cuando todavía era un niño, por lo que su madre, María Cristina, fue nombrada regente.

En este periodo se mantuvo la alternancia en el poder, aunque los partidos al margen del sistema (republicanos y socialistas) fueron aumentando su fuerza.

A finales de siglo estalló una insurrección en Cuba y Filipinas, que contaron con el apoyo de Estados Unidos. La derrota de España, en 1898, comportó la **pérdida de sus últimas colonias** (Cuba, Puerto Rico y Filipinas).

La crisis de 1898 provocó decepción y pesimismo en la sociedad española. Entonces surgieron movimientos intelectuales y políticos que pedían una regeneración política y el fin del caciquismo y la corrupción.

El rey Alfonso XIII y la regente María Cristina en el año 1897.

Comprendo y explico

35. Justifica por qué el periodo estudiado se conoce como "La Restauración monárquica". ¿En qué dos etapas se divide? ¿Qué las diferencia?

36. Observa el esquema y explica cómo organizaba los poderes del Estado la Constitución de 1876. ¿Qué papel ejercía el monarca? ¿Quiénes tenían derecho a votar?

37. ¿Qué era el turno dinástico? ¿Qué dos partidos se alternaban en el poder? ¿Por qué no era realmente democrático este sistema?

38. Describe la caricatura de Cánovas y Sagasta. ¿Qué crees que pretende mostrar su autor?

39. ¿Cómo perdió España sus últimas colonias? ¿Qué impacto tuvo esa pérdida en la sociedad?

El arte del siglo XIX

En el siglo XIX, la industrialización generó nuevos materiales y nuevas técnicas que se utilizaron para la creación artística.

La arquitectura abandonó el dominio de la piedra y del ladrillo para levantar enormes edificios de hierro y vidrio.

La pintura fue abandonando el academicismo para mostrar la realidad desde el punto de vista del artista.

Home Insurance Building, el primer rascacielos de Chicago, 1885.

El siglo del hierro y el acero

Los nuevos materiales (**hierro**, **acero**, **vidrio**), producidos de forma industrial, permitieron levantar edificios más elevados, ligeros, espaciosos y luminosos.

Estas construcciones no solo eran diferentes en su estructura, sino también en su función. La sociedad industrial y urbana requería espacios para ferrocarriles, fábricas, almacenes, mercados, etc.

Para su construcción, los arquitectos trabajaban con unos nuevos profesionales, los **ingenieros**, técnicos capaces de dominar los materiales y las máquinas industriales.

El Palacio de Cristal de Madrid, 1887

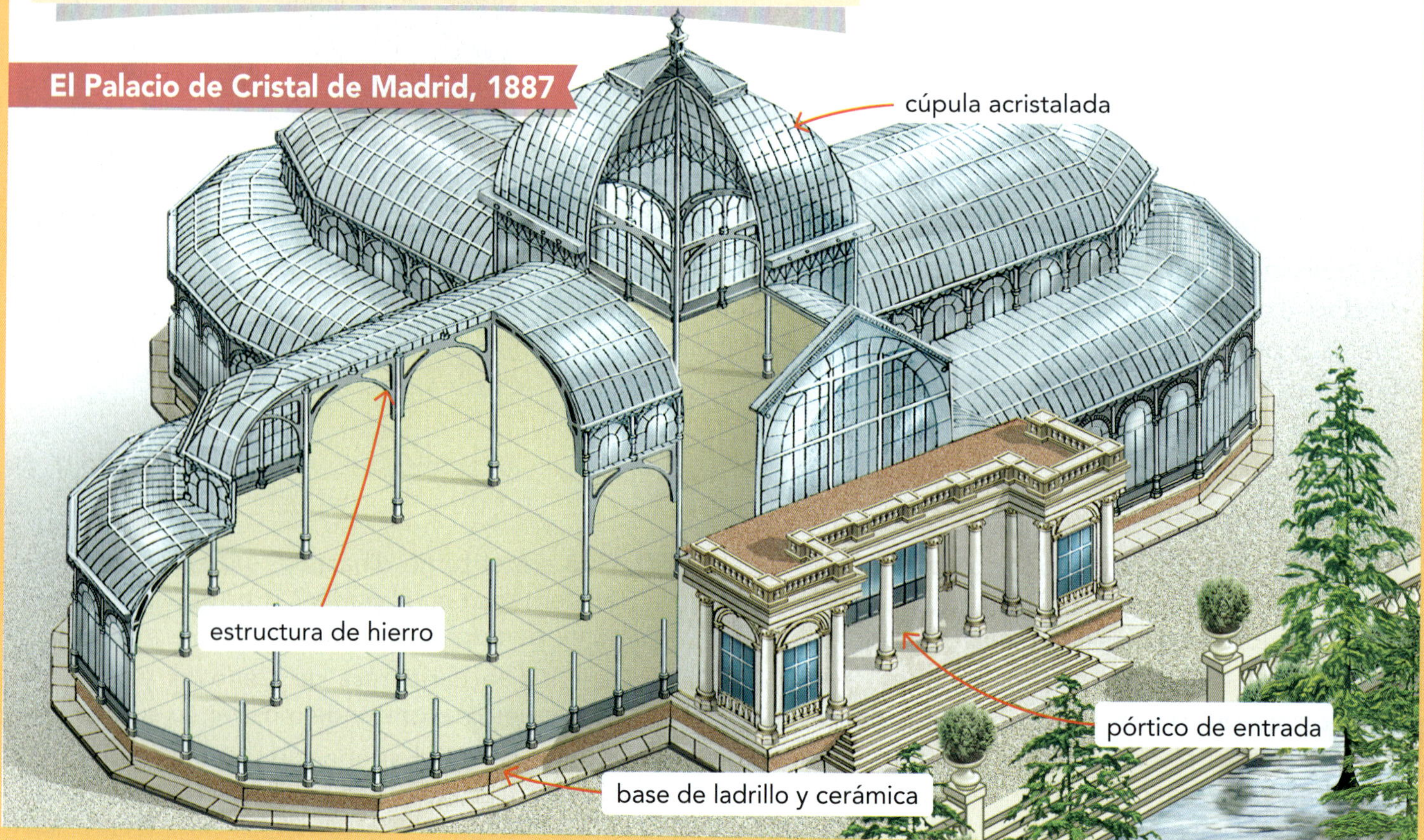

Los estilos pictóricos

En el siglo XIX se desarrollaron diferentes estilos pictóricos:

- El **Romanticismo**. Este estilo introdujo en sus pinturas movimiento, color y luz. Además, los pintores querían transmitir sentimientos y emociones. En España destacaron pintores como **Federico Madrazo** y **Antonio María Esquivel**.
- El **Realismo**. Mostraba la realidad tal como se veía y los artistas pintaron escenas de la vida cotidiana, retratos de personajes, labores del campo. Sobresalen pintores de estilos muy diferentes, como **Eduardo Rosales**, **Mariano Fortuny** y **Ramón Martí Alsina**.
- El **Modernismo**. A finales del siglo XIX se creó un arte nuevo inspirado en la naturaleza y con las formas curvas y retorcidas. También reproducía escenas de mujeres con un tratamiento sensual y delicado. Con este estilo se identificaron **Ramón Casas**, **Santiago Rusiñol** y **Miguel Utrillo**.
- El **Impresionismo**. Propugnaba el trabajo del pintor al aire libre para poder captar la luz y sus efectos sobre las personas y los objetos. Los pintores más importantes fueron **Joaquín Sorolla** y **Darío de Regoyos**.

Mariano Fortuny: *La vicaría*, 1870.

Ramón Casas: *Interior al aire libre*, 1892.

Joaquín Sorolla: *Paseo a orillas del mar*, 1909.

▸ Conozco y valoro el patrimonio

40. ¿Qué influencia tuvo la Revolución Industrial en la arquitectura? ¿Qué materiales eran los más utilizados en las nuevas construcciones?

41. Fíjate en el Palacio de Cristal. Describe su forma y los materiales utilizados. ¿Cómo se consiguen la altura y la luminosidad del edificio?

42. Destaca la característica que creas que mejor define a cada uno de los cuatro movimientos pictóricos del siglo XIX.

43. Observa la pintura de Sorolla. ¿Crees que el protagonismo del cuadro recae en las mujeres o en la luz? Justifica tu respuesta.

Investigamos el trabajo infantil

Durante el siglo XIX era muy frecuente el trabajo de niños y niñas en las fábricas y las minas. Muchos de ellos no iban a la escuela y apenas aprendían a leer y a escribir.

Os proponemos realizar una pequeña investigación sobre el trabajo infantil durante la Revolución Industrial.

Estructura grupal: grupos de cuatro miembros.

Funciones de los miembros del grupo:

Coordinador o coordinadora: recibe las instrucciones del docente y controla el tiempo.

Portavoz: es la persona que habla durante la puesta en común.

Secretario o secretaria: se encarga de las tareas escritas de todo el grupo.

Tiempo: 45 minutos.

1 **Observar y leer** con detalle las fuentes históricas (documentos escritos y fotografías).

2 **Elaborar un informe**. Imaginad que sois un grupo de expertos que debe presentar un informe al gobierno sobre las condiciones de trabajo infantil. Vuestro informe debe tratar los aspectos siguientes:

- Análisis de la situación. Lugares, condiciones de trabajo y salarios; cómo debían sentirse los niños y las niñas en el trabajo, y las consecuencias de la falta de educación.
- Propuestas. Medidas que deberían tomarse para mejorar la situación de los hijos e hijas de los obreros.

3 **Presentar y comentar los resultados**. Los portavoces de cada grupo leerán su informe a toda la clase. Entre todos debatiréis si habéis coincidido en las propuestas para erradicar el trabajo infantil.

Debate final:

Entre todos pensad cómo os sentiríais si os obligaran a trabajar como hace dos siglos. ¿Cómo cambiaría vuestra vida actual?

Fuente 1

Trabajo en el pozo de (la mina) Gawber. No es muy cansado, pero trabajo sin luz y paso miedo. Voy a las tres y media o cuatro de la mañana, y salgo a las cinco y media de la tarde. A veces canto cuando hay luz, pero no en la oscuridad, entonces no me atrevo a cantar. No me gusta estar en el pozo. Voy a la escuela los domingos y aprendo a leer. Prefiero mil veces ir a la escuela que estar en la mina.

Sara Gooder, minera de ocho años. Reino Unido, 1842. (Adaptación)

Fuente 2

Niñas trabajadoras de una fábrica textil durante la Revolución Industrial.

Fuente 3

Ley de regulación del trabajo infantil, 1873

– Los menores de diez años no serán admitidos en el trabajo.
– No excederá de 5 horas cada día el trabajo de los niños menores de 13 años y de las niñas menores de 14.
– No excederá de 8 horas el trabajo de los jóvenes de 13 a 15 años.

Fuente 4

Salarios en la industria textil (%)

Obreros	índice = 100
Obreras	40-50
Niños/as	10-20

Jugando también se aprende

¿Quién es quién?

Todos los personajes que ves en estas imágenes reinaron en la España del siglo XIX.

- Debes identificar a cada uno de ellos y poner su nombre en la cartela correspondiente.
- Además, debes colocar a cada personaje en el lugar correcto del eje cronológico.

Actuó como regente durante la infancia de su hijo, el futuro rey.

Subió al trono de España con 13 años y más tarde se exilió.

Su llegada al trono puso fin a la Primera República.

Fue coronado en 1871, pero tuvo que dimitir dos años después.

1800 1810 1820 1830 1840 1850 1860 1870 1880 1890 1900

Agudiza la memoria

Observa esta pintura atentamente durante tres minutos. Después, da la vuelta a la hoja y escribe todo lo que recuerdes. A continuación, vuelve el papel, comprueba tu lista y anota todo lo que habías olvidado.

¿Puedes identificar a qué movimiento pictórico pertenece este cuadro? ¿Qué características te han permitido deducirlo?

Santiago Rusiñol: *Patio azul*, 1895.

Ordena el desorden

Si ordenas bien las letras, descubrirás cinco conceptos importantes que has estudiado en este tema (la letra verde es la que inicia la palabra).

Una vez que los hayas descubierto, recuerda su definición o características principales.

Í A U R U E B G S

M O B A L I S R L E I

C N T O T U N S Ó I C I

O R F R A I R E R C L

A B F I Á R C

Q U M A N Á I O D A E R V P

Ya sé...

1. Copia y completa en tu cuaderno:

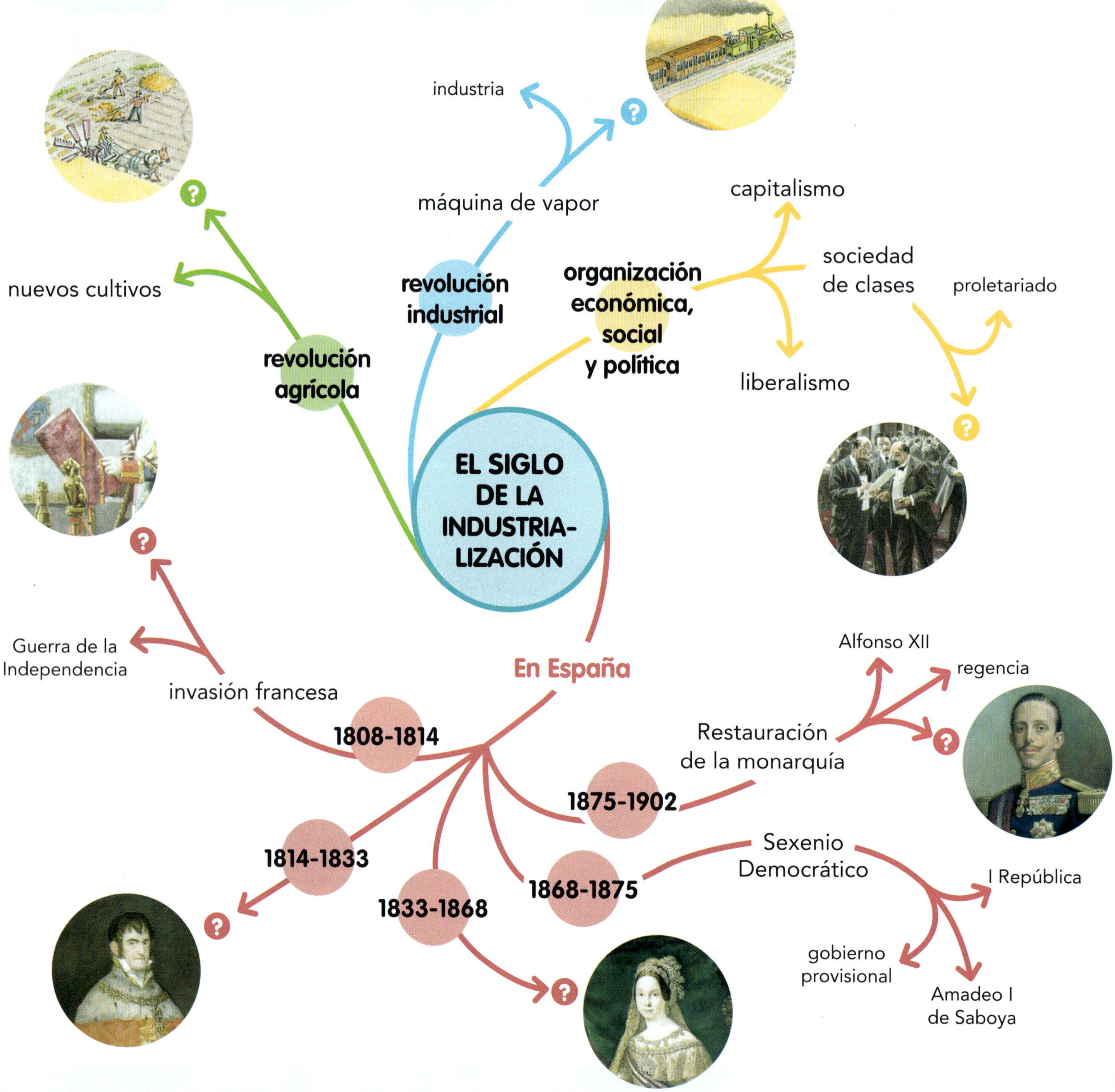

2. Escribe una redacción:

- Redacta un breve texto en el que contestes a las preguntas siguientes: ¿Qué distintas formas de gobierno hubo en España en el siglo XIX? ¿Qué caracterizaba a cada una de ellas?
- Para ello, utiliza estos conceptos: absolutismo, Constitución, sufragio censitario, carlistas, monarquía, Restauración, liberal, República y turno dinástico.

3. Elabora un esquema como el siguiente que resuma la ideología de las diferentes opciones políticas en el siglo XIX:

Carlistas (absolutistas)	Liberales	Demócratas	Republicanos

4. Completa en tu cuaderno la palabra que falta y ordena los acontecimientos:

- La invasión de España por ▇ se inició en el año ▇ .
- La revolución del año ▇ expulsó a Isabel II del trono.
- Un golpe de Estado puso fin a la ▇ República.
- En Cádiz se proclamó la primera ▇ española.
- La guerra ▇ tuvo lugar durante el reinado de Isabel II.
- Fernando VII aceptó la Constitución durante el ▇ ▇ .
- Amadeo I, un príncipe italiano, fue coronado rey de España en ▇ .

5. Identifica a qué grupo social pertenece cada una de las imágenes y explica a partir de ellas las diferentes condiciones de vida.

a

b

Valoro mi aprendizaje

- Comprendo cómo fue el nacimiento de la industria moderna.
- Conozco la sociedad de clases y el capitalismo.
- Entiendo qué era el liberalismo y cómo se difundió.
- Sé las características de la industrialización en España.
- Comprendo las distintas etapas y gobiernos que hubo en España en el siglo XIX.

1. Lo entiendo y lo sé hacer.
2. Me cuesta entenderlo o hacerlo.
3. Debo repasarlo.

¡No te olvides de pasar por el Gimnasio para practicar algunos ejercicios! ¡clic! ¡clic!

5 Un siglo de grandes cambios

Vas a aprender a...

- identificar las diferentes etapas políticas de la España del siglo XX
- valorar la reivindicación de los derechos y libertades de las mujeres
- analizar el impacto de la Guerra Civil española sobre la población
- identificar los grandes avances sociales, tecnológicos y ambientales del siglo XX
- reconocer las características del arte del siglo XX

Ningún niño empezó jamás una guerra

Ningún niño empezó jamás una guerra. Y sin embargo, cada vez que estalla un conflicto bélico, es la infancia la que más sufre, atrapada sin remedio en un mundo de adultos.

Sin entender muy bien lo que sucede a su alrededor, los niños y niñas se ven abocados a vivir en el miedo, en la sospecha y en el odio al otro. Algunos pierden la vida. Todos pierden la inocencia.

La Guerra Civil española, que hoy nos parece tan lejana, fue también una guerra total, en la que los niños sufrieron sin saber por qué. Nada más estallar el conflicto, miles de hogares se deshicieron porque los padres se incorporaron al frente, se vieron obligados a huir, fueron encarcelados o fusilados. Miles de niños y niñas tuvieron que abandonar España para escapar de los bombardeos, el hambre y el miedo. La guerra rompió su mundo de infancia en mil pedazos y les obligó a crecer demasiado deprisa.

Fundación Francisco Largo Caballero (adaptación).

1. ¿Qué hechos nos presenta el texto? ¿Quiénes son los protagonistas?
2. ¿Cómo repercutió la Guerra Civil española en la población infantil? ¿Qué relación puedes establecer entre el texto y la fotografía?

Pienso

- ¿Recuerdas el nombre de alguno de los grandes conflictos mundiales que se vivieron en el siglo XX?

Me interesa

- ¿Qué acontecimientos destacados conoces de la historia de España en el siglo XX?

Reflexiono

- ¿Crees que las guerras son inevitables?
- ¿Cómo crees que podrían solucionarse los conflictos sin llegar a provocar una guerra?

El paso de la monarquía a la República (1902-1936)

1902	1909	1917	1923	1930	1931	1936
Mayoría de edad de Alfonso XIII	Inicio de la guerra de Marruecos	Huelga general obrera		Dimisión del dictador	Constitución republicana	Golpe de Estado

Monarquía de Alfonso XIII · Dictadura de Primo de Rivera · Segunda República

La España del siglo XX se debatió entre la consolidación de un sistema democrático y el establecimiento de dictaduras militares.

Busco y defino:
- regeneracionismo
- golpe de Estado
- dictadura

La monarquía de Alfonso XIII (1902-1931)

Los intentos regeneracionistas

Alfonso XIII en el Congreso de los Diputados en 1902.

En 1902 se inició la mayoría de edad de Alfonso XIII. Tras la crisis de 1898, se intentó democratizar el sistema político y acabar con las trampas electorales y el caciquismo.

Para ello, se puso en marcha un programa regeneracionista que incluía medidas como una nueva ley electoral, la reforma de la Hacienda y la regulación del derecho de huelga. Sin embargo, los resultados fueron escasos y los conflictos aumentaron debido a:

- La **guerra de Marruecos**, donde se situaba la colonia española del Rif. Este conflicto causó muchos muertos y un gran descontento social, sobre todo tras la derrota española en Annual (1921).
- La **conflictividad entre obreros y patronos**, que desembocó en la huelga general de 1917.

La dictadura de Primo de Rivera

Ante esta crisis, el general Primo de Rivera dio un **golpe de Estado** en 1923 e instauró una dictadura, que clausuró el Parlamento y suprimió las elecciones.

El golpe contó con el apoyo de los sectores sociales más conservadores y pretendía restablecer el orden ante el temor a una revolución social.

En 1930, el dictador dimitió y se convocaron unas elecciones municipales con la intención de volver progresivamente a la normalidad democrática.

Alfonso XIII y Miguel Primo de Rivera.

La Segunda República (1931-1936)

En las elecciones municipales de 1931, los republicanos obtuvieron la mayoría en las principales ciudades. En consecuencia, el rey suspendió sus funciones y abandonó España.

Proclamación de la Segunda República, 1931.

Las reformas republicanas

Con la República se volvió a un **sistema democrático**: se convocaron elecciones para un nuevo Parlamento y fue aprobada una **Constitución** que reconocía amplios derechos.

También se emprendieron una serie de **reformas** con el objetivo de solucionar algunos de los grandes problemas del país:

Reformas económicas

La **reforma agraria** consistió en:

- Expropiación de grandes extensiones de tierra (latifundios) en manos de un único propietario.
- Entrega de las tierras expropiadas a campesinos pobres.

Reformas sociales

- Mejora de las condiciones laborales de obreros y campesinos.
- Obligatoriedad de la enseñanza primaria y expansión de la escuela pública.

Reformas políticas

- Modernización del ejército.
- Disminución del poder de la Iglesia.
- Reforma de la estructura territorial de España mediante la concesión de **autonomía** a Cataluña, el País Vasco y Galicia.

Los problemas de la República

Las reformas republicanas provocaron la oposición de los partidos conservadores, que querían suspenderlas o realizarlas de modo más lento.

Los grupos de izquierda y los sindicatos, en cambio, querían que las reformas fuesen más profundas y se aplicasen con mayor rapidez.

Todo ello creó tensiones políticas y un aumento de la conflictividad social, que culminaron en un **golpe de Estado militar** contra la República el 18 de julio de 1936. Fue el inicio de la **Guerra Civil**, que duró tres años.

La pobreza de la población campesina hacía necesaria la reforma agraria.

Comprendo y explico

1. Sitúa las grandes etapas de la historia de España en las tres primeras décadas del siglo XX y explica los hechos más importantes.
2. ¿Por qué Primo de Rivera protagonizó un golpe de Estado? ¿Sabes en qué consiste un golpe de Estado? ¿Crees que es una forma legítima de alcanzar el poder?
3. ¿Cómo se proclamó la Segunda República? ¿Qué actitud adoptó el monarca? ¿Recuerdas en qué etapa anterior se proclamó en España una república?
4. ¿Cuáles fueron las grandes reformas emprendidas por la República? ¿Qué problemas querían solucionar?

Argumentar el voto de las mujeres

A lo largo del siglo XX, los movimientos feministas reclamaron la igualdad de derechos y de oportunidades entre los hombres y las mujeres. En España, durante la Segunda República se otorgó por primera vez el voto a la mujer en las elecciones de 1933.

Pero no fue una tarea fácil y hubo un extenso debate social sobre su conveniencia.

Mujeres con papeletas para votar en las elecciones de 1933.

Comprendo los documentos

1 La desigualdad de la mujer

- En los **estudios**. A lo largo del siglo XIX, las mujeres solo podían cursar enseñanza primaria y estudiar para ejercer como maestras de ese nivel.

  Tuvieron que esperar hasta 1910 para poder matricularse como alumnas oficiales en un instituto de enseñanza secundaria.

- En el **trabajo**. Las mujeres de las clases populares trabajaban en la agricultura, en el servicio doméstico o como obreras en las fábricas y las minas.

  Sus puestos de trabajo eran a menudo poco cualificados, y sus salarios, muy inferiores a los de los hombres.

- Ante la **ley**. La ley prohibía actuar libremente a las mujeres y las ponía bajo la tutela del padre o del marido.

  Las mujeres casadas no podían adquirir bienes (excepto de consumo ordinario), ni administrarlos; tampoco podían ser propietarias de un negocio sin la autorización del marido.

  Esta situación se mantuvo hasta 1931, cuando la Constitución de la Segunda República declaró la **igualdad entre ambos sexos**.

PORCENTAJE DE MUJERES EN EL SISTEMA EDUCATIVO ESPAÑOL

	1900	1935	1976
Primaria	46,8	49,3	49
Secundaria	0,13	31,6	50
Universidad	0,05	8,8	38

No podemos menos que llamar la atención sobre la desigualdad injusta e intolerable entre el jornal del hombre y el de la mujer. A menudo se dice que el salario de las mujeres es un complemento de la economía familiar y que el fundamental es el del hombre. (...)

Nosotras defendemos que dentro de la justicia y trabajando lo mismo, el jornal de la mujer no debe ser inferior al del hombre.

Sindicato de la Aguja, Valencia,1915 (adaptación).

5. ¿Cuáles eran las principales desigualdades entre hombres y mujeres?
6. ¿Qué opinas sobre la diferencia salarial entre sexos? Arguméntalo.
7. Imagina que eres una niña de principios de siglo XX y que tu familia decide que no es conveniente que estudies. ¿Qué argumentos utilizarías para convencerla de lo contrario?

Las mujeres en el siglo XX

2 El derecho al sufragio

Las mujeres no tenían derecho a voto, aunque podían ser elegidas parlamentarias. Las Cortes de la Segunda República debatieron la conveniencia de otorgar el voto a las mujeres y el tema provocó una gran discusión.

De las tres diputadas presentes en las Cortes (Clara Campoamor, Margarita Nelken y Victoria Kent), solo la primera defendió el sufragio femenino.

Finalmente, el **voto femenino se aprobó** por 161 votos a favor y 121 en contra. Las mujeres votaron por primera vez en España en las elecciones de 1933.

8. Formad grupos de tres. Uno debe adoptar el papel del diputado (a), otro, el de la diputada (b), y el tercero, el de la diputada (c). Imaginad que debéis hacer un pequeño discurso en las Cortes defendiendo vuestra posición. Escribid el texto y después leédselo al resto del grupo.
9. ¿Coincide vuestro papel con vuestro punto de vista? ¿Por qué?

(a) A favor del voto femenino

Las mujeres no pueden ser nunca un peligro para la República.

Afrontad la responsabilidad de dar entrada a la mitad del género humano en la política.

Excepto dar a luz, el resto de las cosas las hacemos todos en común. No podéis legislar, votar impuestos, etc., sin contar con nosotras.

(b) A favor del voto femenino, pero...

Defiendo que las mujeres deben tener los mismos derechos que los hombres. Pero darles el voto ahora no es conveniente. Hay que aplazarlo para más adelante.

La mayoría de mujeres no tienen criterio, son muy conservadoras y acabarán votando contra la República.

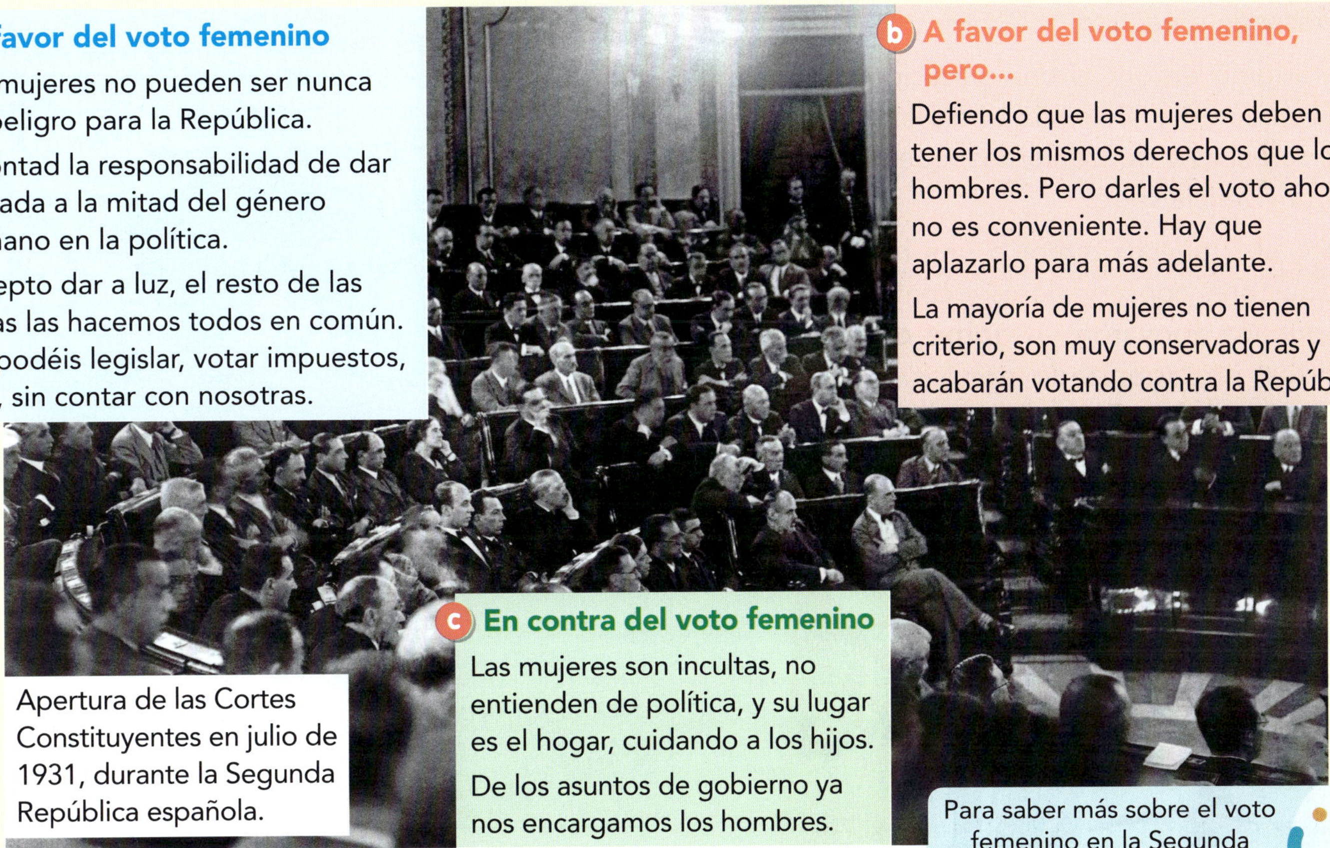

Apertura de las Cortes Constituyentes en julio de 1931, durante la Segunda República española.

(c) En contra del voto femenino

Las mujeres son incultas, no entienden de política, y su lugar es el hogar, cuidando a los hijos.

De los asuntos de gobierno ya nos encargamos los hombres.

Para saber más sobre el voto femenino en la Segunda República, entra en:
www.tiching.com/773985

Aplico lo aprendido

10. Elabora un cartel reivindicativo sobre la igualdad de derechos entre hombres y mujeres. Debe tener un dibujo ilustrativo, un eslogan principal y tres razones para defender la igualdad.

11. En la actualidad, la ley otorga los mismos derechos a hombres y mujeres. ¿Crees que las tareas del hogar y el cuidado de los hijos deben compartirse por igual? Argumenta tu respuesta.

La Guerra Civil española (1936-1939)

El levantamiento militar de 1936 provocó la Guerra Civil, que enfrentó a los españoles y españolas durante tres años y dejó al país dividido, arrasado y arruinado.

¿Por qué estalló la guerra?

El triunfo de una coalición de partidos políticos de izquierdas (Frente Popular) en las elecciones de febrero de 1936 no fue bien acogido por las fuerzas políticas conservadoras y de derechas.

Se originó entonces una situación de enfrentamiento y violencia entre extremistas de derechas y de izquierdas, que deterioró la convivencia social.

Ante el supuesto temor a una revolución, los sectores conservadores y contrarios a la República apoyaron un **golpe de Estado militar**, protagonizado por los generales Sanjurjo, Mola y Franco, con el objetivo de frenar el proceso reformista republicano y restablecer su hegemonía social.

Carteles de propaganda del bando republicano y del bando sublevado.

¿Qué bandos se enfrentaron?

La sublevación dividió el país en dos bandos:

- La **zona republicana** incluía las ciudades y las mayores zonas industriales. El gobierno legítimo de la República contaba con el apoyo de la burguesía republicana y de los obreros y campesinos.
- La **zona sublevada**, que se autodenominó "nacional", comprendía una buena parte de la España agraria. A los sublevados se unieron los sectores sociales más conservadores, el Ejército y buena parte de la Iglesia.

Después de tres años de guerra, las tropas de Franco ocuparon todo el territorio español.

La división de España en julio de 1936

Comprendo y explico

12. ¿Qué factores provocaron el golpe de Estado y la posterior Guerra Civil? ¿A qué sectores sociales enfrentó?
13. Fíjate en el mapa y describe qué zonas apoyaron al gobierno republicano, y cuáles, al alzamiento militar. ¿Qué características presentaba cada una de ellas?

Un bombardeo durante la guerra

¿Cómo afectó a la población civil?

La dureza de la guerra causó grandes penurias entre la población civil:

- Hubo **represalias** continuas en ambos bandos, que ocasionaron persecuciones y asesinatos.
- La falta de alimentos y materias primas provocó **hambre**, frío y escasez entre la población.
- Los **bombardeos** sobre las ciudades causaron un elevado número de víctimas. Para proteger a la población, se construyeron refugios subterráneos.
- A medida que avanzaban los sublevados, muchas personas abandonaron sus hogares y fueron acogidas como **refugiados** en la zona republicana.

¿Qué consecuencias se derivaron?

La guerra tuvo importantes consecuencias demográficas, económicas y políticas, que dejaron el país devastado y muy empobrecido:

- Muchos republicanos huyeron de España hacia el **exilio** por temor a las represalias de los vencedores.
- Hubo un gran número de **heridos** y casi **medio millón de personas murieron** como consecuencia del conflicto.
- Se destruyeron muchas **industrias**, **infraestructuras** y **vías de comunicación**, y se abandonaron muchos campos de cultivo.

La ciudad de Gernika (Bizkaia) fue brutalmente bombardeada por el bando franquista en 1937.

14. ¿Cuáles son los efectos de una guerra sobre la población civil?

15. Fíjate en el dibujo:
- ¿Cuáles son los efectos de un bombardeo sobre una ciudad?
- ¿Qué utilizaba la población para protegerse de las bombas? Descríbelo.

16. En el año 2000, la UNESCO lanzó un manifiesto para promover una cultura para la paz:
- Consulta la página web y sintetiza los seis puntos que contiene el manifiesto.
- Escribe tu propio manifiesto. Explica en tres puntos qué puedes hacer en tu vida cotidiana para fomentar la no violencia y la paz.

La dictadura de Franco (1939-1975)

1939 Inicio de la dictadura
1943 Cartilla de racionamiento
1952 Fin del racionamiento
1955 Ingreso en la ONU
1959 Plan para la apertura de la economía
1973 Crisis económica
1975 Muerte de Franco

Posguerra
Autarquía económica
Apertura al exterior
Desarrollo económico y cambio social

En 1939, tras ganar la Guerra Civil, el general Franco puso fin a la democracia en España e instauró una dictadura, que se mantuvo casi 40 años.

La instauración de la dictadura

El nuevo régimen político surgido de la Guerra Civil se configuró como una dictadura en la que Franco acumuló todo el poder en su persona.

El dictador nombraba personalmente al gobierno y a buena parte de los miembros de las Cortes, que no eran elegidos democráticamente.

Se abolió la Constitución republicana, que garantizaba los derechos y las libertades de los ciudadanos, y se suprimieron los Estatutos de Autonomía.

Los partidos políticos y los sindicatos obreros fueron prohibidos y se dejaron de celebrar elecciones para elegir a los gobernantes.

Tan solo existían un **único partido** (Falange Española y de las JONS) y un **único sindicato** (Central Nacional Sindicalista), formados ambos por los sectores políticos que habían apoyado a Franco durante la guerra.

Todos aquellos que se oponían al régimen fueron perseguidos y encarcelados, o tuvieron que exiliarse.

El aislamiento internacional de España

Al finalizar la Segunda Guerra Mundial, el apoyo que había dado a los fascismos supuso el aislamiento de la España franquista, que no fue admitida en organizaciones internacionales como la ONU.

Este **aislamiento político** también fue económico, porque el franquismo defendió la **autarquía económica**, es decir, que el país se abasteciese únicamente con sus propios recursos.

La propaganda oficial exaltaba a Franco como el "Caudillo de España".

La Segunda Guerra Mundial (1939-1945)

España no participó en la Segunda Guerra Mundial, que enfrentó al Reino Unido, Francia, Estados Unidos y Rusia con las dictaduras de Alemania, Italia y Japón.

Sin embargo, el gobierno franquista **apoyó a los regímenes dictatoriales**, y envió una unidad de voluntarios, la División Azul, a luchar en apoyo de la Alemania de Hitler.

Franco y Hitler se entrevistaron en Hendaya en 1940, durante la Segunda Guerra Mundial.

La posguerra: los años del hambre (1939-1953)

En la década de 1940, la economía española se estancó y la población pasó muchas penurias. Los productos de primera necesidad (alimentos, ropa...), así como las materias primas y el combustible, escaseaban y, en consecuencia, sus precios eran muy elevados.

Los salarios eran bajos y muchos alimentos estaban racionados. Tan solo se podían comprar mediante una **cartilla de racionamiento**.

Esta situación provocó la aparición del **mercado negro**, que vendía los productos racionados de manera clandestina y a precios muy elevados.

Muchos niños y niñas debían acudir a los comedores de beneficencia debido a la falta de alimentos.

En la década de 1960, las viviendas se equiparon con electrodomésticos, aumentaron las comodidades (electricidad, calefacción) y se generalizó la compra de automóviles y la costumbre de ir de vacaciones.

Crecimiento económico y cambio social (1953-1975)

Aunque el régimen político continuó siendo una dictadura, a partir de 1953 España se abrió al exterior y fue reconocida internacionalmente.

La vinculación a la economía europea en la década de 1960 generó una etapa de **desarrollo económico**, que permitió una mejora del nivel de vida de la población.

La agricultura se mecanizó, la producción industrial aumentó y los servicios crecieron, estimulados por el turismo. Estos cambios provocaron un éxodo rural y el **crecimiento de las ciudades**.

Lentamente, el país fue entrando en la **sociedad de consumo** y se modernizaron las costumbres.

Comprendo y explico

17. ¿Cuándo y cómo se implantó el franquismo? ¿Qué diferencias existen entre una democracia y una dictadura? Justifica por qué el franquismo fue una dictadura.
18. ¿Qué posición adoptó el gobierno de España en la Segunda Guerra Mundial? Relaciona esa postura con el aislamiento internacional que vivía el país.
19. ¿Qué situación había en España en la década de 1940? ¿Qué era el racionamiento? ¿Y el mercado negro?
20. Explica los cambios más significativos en España entre las décadas de 1940 y de 1960.
21. Elige los cinco elementos de la década de 1960 que creas que transformaron más la sociedad de la época. Justifica tu elección.

¿Cómo se llevó a cabo la transición a la democracia?

Tras la muerte en 1975 del dictador Franco, se inició en España la transición a un sistema democrático. Fue un proceso rápido, que se realizó en menos de tres años, y fue resultado del acuerdo entre las diferentes fuerzas políticas.

Adolfo Suárez fue presidente del Gobierno durante la etapa de la transición a la democracia.

El desmantelamiento del franquismo

Dos días después de la muerte de Franco, **Juan Carlos I** juró su cargo como rey de España. Algunos meses después, **Adolfo Suárez** fue nombrado presidente del Gobierno.

El nuevo presidente abrió el diálogo con la oposición antifranquista y buscó el acuerdo entre diversas opciones políticas para transformar España en una democracia.

Para ello se aprobó la **Ley para la Reforma Política**, que modificaba la legislación franquista. En ella se establecía la soberanía popular y se sustituían las Cortes franquistas por un Congreso de Diputados y un Senado, elegidos por sufragio universal.

Las elecciones generales de 1977

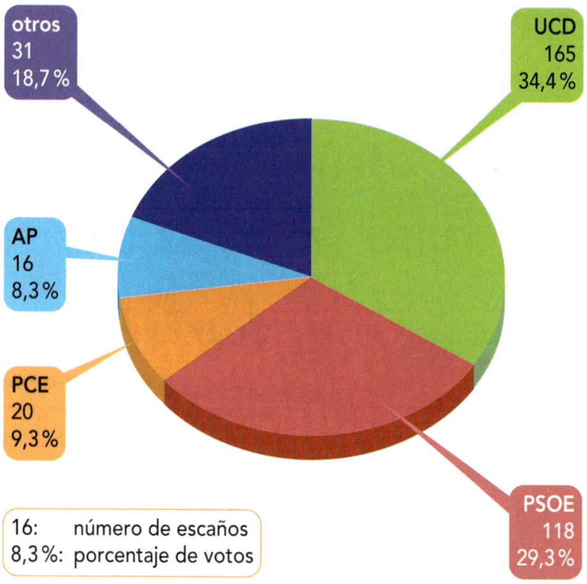

Las elecciones democráticas

Para garantizar unas elecciones libres, se legalizaron los **partidos políticos** y los **sindicatos**, se decretó una amnistía que ponía en libertad a los presos políticos y se permitió el regreso de los exiliados.

Las primeras elecciones democráticas se realizaron el **15 de junio de 1977** y sus resultados originaron un sistema de partidos semejante al de los países europeos vecinos.

El triunfo fue para **UCD** (Unión de Centro Democrático), partido liderado por Adolfo Suárez, seguido del PSOE (Partido Socialista Obrero Español), liderado por Felipe González, el PCE (Partido Comunista de España) y AP (Alianza Popular).

En 1978 se elaboró una **Constitución**, que fue aprobada por las Cortes y refrendada por la mayoría de españoles y españolas. España era de nuevo una democracia.

El 15 de junio de 1977, los españoles y las españolas hicieron largas colas para votar por primera vez tras cuarenta años de dictadura franquista.

Profundizo: La Constitución de 1978

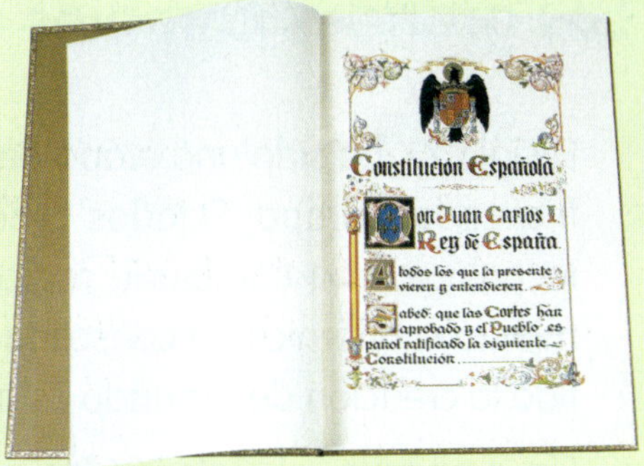

La Constitución establece que España es una **monarquía parlamentaria** que garantiza los derechos fundamentales a sus ciudadanos.

También regula el funcionamiento del Estado y sus instituciones, que se estructuran según la **división de poderes**.

Además, establece la **descentralización** del poder y reconoce la existencia de nacionalidades y regiones que pueden constituirse en **Comunidades Autónomas**.

Artículo 1

1. España se constituye en un Estado **social** y **democrático** de **Derecho**, que propugna (...) la **libertad**, la **justicia**, la **igualdad** y el **pluralismo** político.
2. La **soberanía nacional** reside en el pueblo español, del que emanan los poderes del Estado.
3. La forma política del Estado español es la **Monarquía parlamentaria**.

Es **social** porque los distintos poderes públicos actúan tratando de conseguir una sociedad más justa.

Es **plural** porque reconoce la diversidad de ideas e intereses de los ciudadanos, que se organizan en distintos partidos políticos.

Es de **Derecho** porque todos (gobernantes y ciudadanos) deben cumplir las leyes, hecho que está garantizado por los tribunales.

Los valores que inspiran la Constitución son la **libertad**, la **justicia** y la **igualdad**, que deben ser garantizadas a todos los ciudadanos.

El poder pertenece a los **ciudadanos** y **ciudadanas**, quienes lo delegan en unos representantes elegidos periódicamente.

Es una **Monarquía** porque el Jefe del Estado es un rey, y es **parlamentaria** porque el poder reside en el pueblo, que lo ejerce a través de sus representantes en el Parlamento.

Comprendo, aplico y razono

22. ¿Qué fue la transición democrática? ¿Cuándo y cómo se realizó?
23. Selecciona dos hechos de este periodo que te parezcan importantes para la transición de la dictadura a la democracia y justifica por qué los has elegido.
24. ¿Qué modelo de Estado instituyó la Constitución de 1978? Justifica por qué es una democracia y en qué se diferencia de la dictadura franquista.
25. Argumenta por qué es tan importante que los españoles y españolas tengamos una Constitución. ¿Qué nos garantiza esta norma suprema?

Los grandes cambios del siglo XX

El siglo XX ha sido una etapa de grandes progresos en el mundo industrializado (Europa, Estados Unidos, Japón...). El desarrollo científico y tecnológico ha cambiado radicalmente las formas de vida, y el crecimiento económico ha consolidado la sociedad de consumo y ha permitido la creación del llamado *Estado del bienestar* en Europa occidental.

Sin embargo, el siglo XX ha conocido también las guerras más devastadoras de la historia (Primera y Segunda guerras mundiales), crisis económicas con graves consecuencias sociales y una creciente degradación del medioambiente.

Publicidad de la marca de automóviles Simca, en la década de 1960.

La sociedad de consumo

El **aumento de los salarios** y la **producción masiva de bienes** permitieron aumentar el consumo de las familias mientras la **publicidad** estimulaba las compras y las grandes superficies creaban nuevos espacios de venta.

Es la llamada *sociedad de consumo*, que posibilitó que la mayoría de hogares tuviera electrodomésticos como nevera, radio, televisión...

Los supermercados, surgidos a mediados del siglo XX, reflejan el elevado consumo de la sociedad occidental de la época.

La necesidad de reducir la pobreza

El gran crecimiento económico del siglo XX ha afectadado fundamentalmente a los países desarrollados, mientras en el mundo continúan existiendo países en los que una buena parte de la población carece de la alimentación necesaria.

Muchas organizaciones internacionales, como la **ONU**, y organizaciones no gubernamentales (**ONG**) defienden la necesidad de una **cooperación internacional** que permita un mejor reparto de los recursos y de la distribución de la riqueza a nivel mundial.

Hacia un crecimiento sostenible

La producción masiva y el aumento del consumo y de los transportes han originado un incremento de la **polución**, la **degradación del medioambiente** y el progresivo agotamiento de los **recursos** minerales y energéticos (petróleo).

Todos los gobiernos del mundo se plantean hoy en día la urgente necesidad de tomar medidas que permitan un desarrollo sostenible y respetuoso con el medioambiente.

Las energías renovables, como la solar, y el uso de la bicicleta contribuyen al desarrollo sostenible.

Profundizo: Los avances tecnológicos del siglo XX

En el siglo XX, el progreso científico y tecnológico se ha acelerado y ha cambiado enormemente las formas de vida de las personas.

Además, los avances médicos han permitido reducir la mortalidad y aumentar la esperanza de vida de la población.

	Siglo XIX	1950	2000
Transportes La circulación de personas y mercancías aumentó de manera espectacular a partir de la disminución del precio del **automóvil** y de los viajes en **ferrocarril** y **avión**.	 coche de caballos	 coche de gasolina	 coche eléctrico
Sistemas de comunicación El **teléfono** permitió la comunicación directa a través de la voz humana entre puntos distantes, y la telefonía móvil ha hecho posible la creación de grandes redes sociales de comunicación.	 telégrafo	 teléfono	 teléfono móvil
Procesamiento de la información Los ordenadores personales almacenan, procesan y transmiten información a través de la informática. La puesta en marcha de Internet ha transformado las comunicaciones, el entretenimiento y el comercio.	 máquina de escribir	 ordenador	 satélite de comunicación
Mass media La **radio** y la **televisión** llegaron a todos los hogares como medios de información y entretenimiento. Los televisores inteligentes y las tabletas han personalizado el uso de los medios de comunicación.	 pregonero	 televisión	 tableta

Comprendo, aplico y razono

26. ¿Qué es la sociedad de consumo? ¿Crees que nosotros seguimos viviendo en ella? ¿Por qué?

27. ¿Por qué hay actualmente una necesidad de reducir la pobreza? ¿Cómo se intenta hacer?

28. ¿Cuáles han sido los grandes avances tecnológicos desde el siglo XIX hasta la actualidad? ¿Cuáles han influido más en nuestra vida cotidiana? ¿Añadirías alguno en el cuadro de esta página?

Los astronautas al espacio

En el siglo XX, el ser humano consiguió superar los límites de la Tierra, adentrarse en el espacio y llegar a la Luna.

¿Has pensado alguna vez si te gustaría viajar al espacio? Vamos a echarle un poco de imaginación y a pensar que somos unos intrépidos astronautas.

Los primeros astronautas en el espacio

En 1961, la Unión Soviética envió el primer hombre al espacio en la nave Vostok 1. **Yuri Gagarin** completó una órbita alrededor de la Tierra y pudo ver desde el espacio que nuestro planeta tiene color azul. El vuelo duró únicamente 1 hora y 48 minutos.

Dos años más tarde, la nave Vostok 6 puso en órbita a **Valentina Tereshkova**, la primera mujer en el espacio. Su misión duró casi tres días. A pesar de los problemas físicos e incomodidades que sufrió, pudo dar 48 vueltas alrededor de la Tierra, mantuvo el cuaderno de bitácora y tomó fotografías del espacio.

Yuri Gagarin

"He visto lo hermoso que es nuestro planeta: es azul. Pobladores del mundo, protejamos e incrementemos esta belleza, no la destruyamos".

Valentina Tereshkova

"En la Tierra, los hombres y las mujeres corren los mismos riesgos. ¿Por qué no deberíamos hacer lo mismo en el espacio?".

El viaje de Gagarin

6:00 Desayuna dos tubos de 160 gramos: uno con puré de carne y otro con salsa de chocolate.

6:30 Con ayuda, se coloca un traje espacial anaranjado, que facilitaba un posible rescate, y un casco blanco.

7:00 Entra en la nave Vostok 1.

9:00 Los cinco motores del cohete se encienden.

9:07 Gagarin despega al grito de *Poyekhali!* (¡Allá vamos!, en ruso). El vuelo está programado para ser totalmente automático.

10:05 La nave da una única vuelta a la Tierra. Al entrar de nuevo en la atmósfera, la velocidad se reduce bruscamente, debido a lo cual el piloto llega a soportar su peso multiplicado por ocho sin desmayarse.

10:50 Cuando está ya a 7 km de la Tierra, su asiento sale despedido de la cabina, y a 2,5 km se abre el paracaídas principal. El aterrizaje se desvía casi 1 400 kilómetros del lugar previsto.

11:05 La nave aterriza en el margen derecho del río Volga (en la actual Rusia). Gagarin tiene que explicar a unos campesinos que lo rescatan que, aunque "ha caido del espacio", no es un marciano, sino un ruso más.

El primer hombre en la Luna

El 16 de julio de 1969, Estados Unidos lanzó la misión Apolo XI con el objetivo de llevar al ser humano a la Luna por primera vez en la historia.

La tripulación de la misión estaba compuesta por **Neil Armstrong**, **Edwin Aldrin** y **Michael Collins**.

Los astronautas del Apolo XI.

"Este es un pequeño paso para un hombre; pero un gran salto para la Humanidad".

El viaje del Apolo XI

1 La nave despega de Cabo Cañaveral (EE UU) y tarda cuatro días en alcanzar la órbita lunar.

2 La nave corrige su trayectoria para entrar en la órbita lunar.

3 Dos cosmonautas entran en el módulo lunar Eagle. Minutos después, este se separa del resto de la nave.

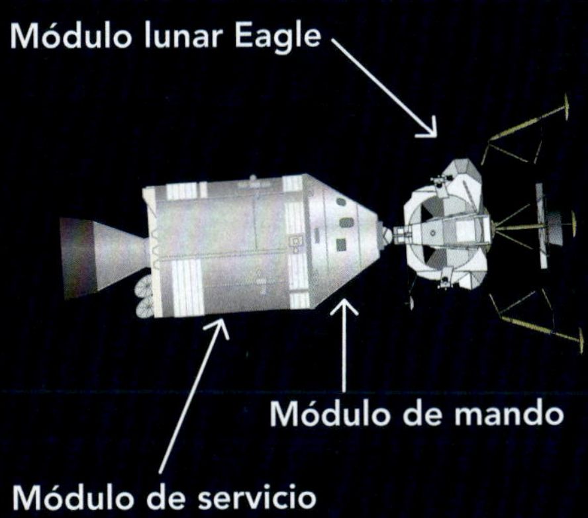

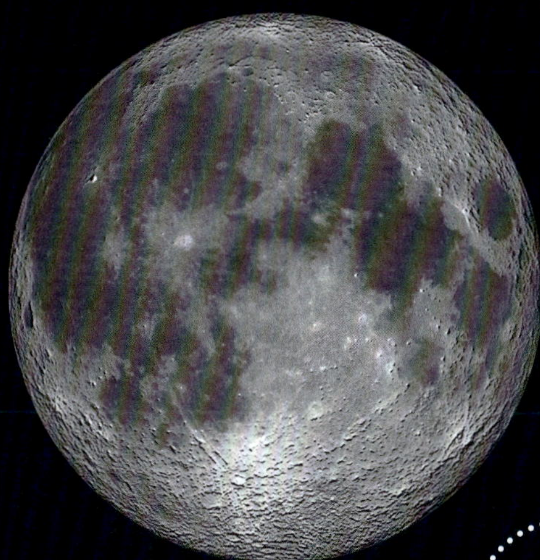

4 Maniobra de alunizaje sin problemas en el Mar de la Tranquilidad. La nave ha recorrido 380 000 km.

5 El 21 de julio, a las 3:56, Neil Armstrong desciende de la nave y pisa la superficie lunar. Poco después lo hace Edwin Aldrin. Recogen muestras del suelo, toman fotografías e instalan artefactos de medición.

6 Michael Collins se mantiene siempre en órbita al mando de los módulos de mando y servicio.

7 Ocho días después de iniciada la misión, la nave cae sobre las aguas del océano Pacífico, cerca de Hawai.

Elaboro mi cuaderno de viaje

29. Agrupaos por parejas. Uno de vosotros debe redactar el cuaderno de viaje del Vostok 1, y el otro, el del Apolo XI. Para el relato, debéis fijaros en los aspectos siguientes:
- El objetivo del viaje y su temporización.
- Cómo transcurrió el viaje: tipo de nave, maniobras, problemas y resultado. Regreso a la Tierra.
- Cómo os sentisteis durante el viaje: miedos, sensaciones, sentimientos...
- Imaginad un posible diálogo entre un astronauta y la base de control en la Tierra.

30. Comentad entre vosotros el significado de las frases pronunciadas por los astronautas soviéticos y americanos. ¿Cuál os ha gustado más? ¿Por qué?

31. En el año 2018, China lanzó con éxito la sonda Chang-E4, que alunizó por primera vez en la cara oculta de la Luna:
- Buscad información en Internet y explicad qué objetivos perseguía la expedición y cómo se ha llevado a cabo.
- ¿Sabes qué es la cara oculta de la Luna? ¿Por qué se la llama así?

El arte del siglo XX

En el siglo XX, el arte experimentó una revolución sin precedentes. Los nuevos materiales y técnicas constructivas, y también una mentalidad más práctica, cambiaron radicalmente las formas de los edificios.

La pintura y la escultura abandonaron la figuración para buscar nuevas formas de plasmar la realidad y reflejar sensaciones y sentimientos.

Detectives en la red

32. Pablo Picasso fue uno de los pintores más importantes del siglo XX. Averigua dónde nació, cuál fue su formación y qué periodos marcaron su carrera artística.

La arquitectura funcional

La arquitectura del siglo XX rechazó las formas recargadas y muy decoradas de los estilos anteriores.

Los nuevos edificios buscaban sobre todo su **funcionalidad**, es decir, servir a la función para la que fueron construidos.

Por ello, utilizaron formas simples como la línea recta, el cubo y el cilindro y eliminaron los elementos superfluos o decorativos.

Además, los arquitectos utilizaron los nuevos materiales industriales como el cemento, el acero y el vidrio.

Casa construida por Le Corbusier, uno de los pioneros de la arquitectura funcionalista.

La nueva escultura

Los escultores **distorsionaron** las formas para crear otras nuevas, totalmente alejadas de la representación realista.

También utilizaron todo tipo de materiales (hierro, bronce, plástico, acero) para crear figuras geométricas y volúmenes abstractos.

Pablo Gargallo: *Gran profeta*, 1936.

Jorge Oteiza: *Variante ovoide de la desocupación de la esfera*, 1958.

Eduardo Chillida: *Alrededor el vacío II*, 1965.

La pintura de los ismos

En el siglo XX, la pintura dejó atrás el realismo y buscó nuevas maneras de expresarse. Surgieron así numerosas corrientes artísticas:

- El **expresionismo**, que quería reflejar los sentimientos humanos.
- El **cubismo**, que plasmaba la geometría del espacio.
- El **surrealismo**, que expresaba el mundo de los sueños.

Tambien nació el **arte abstracto**, en el que las formas imprecisas, las líneas y los colores pretendían provocar emociones en el espectador.

En España destacaron tres grandes pintores de renombre universal: Picasso, Dalí y Miró, que crearon estilos muy personales e innovadores.

Retrato de Dora Maar, 1937.

Pablo Ruiz Picasso es considerado uno de los grandes maestros del siglo XX. Mostró una gran capacidad de crear nuevas propuestas artísticas y de renovarse constantemente.

Salvador Dalí se inició como pintor surrealista. Creó situaciones relacionadas con el mundo del inconsciente y de los sueños.

La persistencia de la memoria, 1931.

Constelación: despertando al amanecer, 1944.

Joan Miró creó una pintura a base de líneas y formas abstractas de gran colorido para mostrar un mundo simbólico.

Conozco y valoro el patrimonio

33. Justifica por qué hablamos de "revolución artística" en el siglo XX.
34. ¿Por qué se llama *funcional* a la nueva arquitectura? Compárala con el modernismo.
35. Fíjate en el cuadro de Picasso. ¿Crees que es un retrato realista? ¿Por qué?
36. ¿Qué sensaciones te provoca la pintura de Salvador Dalí? ¿Cómo interpretas la representación de los "relojes blandos"?
37. Observa la pintura de Miró:
    - Identifica las diferentes líneas y formas y dibújalos en tu cuaderno.
    - El pintor reproducía a menudo ojos, lunas y estrellas. ¿Cuántos puedes hallar en el cuadro?
    - Crea en tu cuaderno algunas formas siguiendo el estilo de Miró y píntalas. Luego, compón un cuadro con ellas y ponle un título. Justifica el porqué del título elegido.

Actividad cooperativa

Entrevistamos a nuestros abuelos y abuelas

Estructura grupal: grupos de cuatro miembros.

Funciones de los miembros del grupo:

Coordinador o coordinadora: recibe las instrucciones del docente y controla el tiempo.

Portavoz: es la persona que habla durante la puesta en común.

Secretario o secretaria: se encarga de las tareas escritas de todo el grupo.

Tiempo: dos sesiones de clase.

Material: un móvil.

Vuestros abuelos y abuelas vivieron de jóvenes la época franquista. Muchos de sus recuerdos cotidianos pueden ayudarnos a conocer mejor esa época de la Historia.

Vamos a hacer un ejercicio de Historia oral, que consistirá en una pequeña investigación en grupo. Para ello necesitáis descargar e instalar en un móvil una aplicación de grabación de voz. Hay muchas gratuitas.

1 **Elegir el tema y elaborar el cuestionario.** Cada miembro del grupo debe decidir a qué persona de su familia realizará la entrevista. Después, repartiréis entre los miembros del grupo el aspecto del franquismo que investigará cada uno en su entrevista. Os ofrecemos una lista orientativa de temas:

LA VIDA COTIDIANA. Condiciones de la vivienda, personas que habitaban en ella, enfermedades más frecuentes, comidas habituales, papel de la madre, relaciones entre padres e hijos, medios de transporte que utilizaban...

EL TIEMPO DE OCIO. Deportes que se praticaban, festividades que se celebraban, asistencia al cine, teatro u otros espectáculos, actores, actrices y cantantes favoritos, lugar de vacaciones...

EL COLEGIO. Cómo eran las clases, qué horarios tenían, qué estudiaban, cómo eran los maestros y maestras, qué asignaturas les gustaban más, qué juegos practicaban...

EL TRABAJO. En qué trabajaban los miembros de la familia, qué horario realizaban, cómo eran las condiciones de trabajo, qué salarios recibían aproximadamente, qué recuerdos tienen de los compañeros/as de trabajo...

2 **Realizar y transcribir la entrevista.** Debéis quedar con el abuelo o la abuela elegido para realizar la entrevista, que grabaréis en un móvil. Preguntaréis al entrevistado o entrevistada sobre el aspecto que os ha correspondido. También debéis darle libertad para que rememore de manera espontánea sus vivencias.

Después, en casa, escucharéis la entrevista y transcribiréis en un papel los aspectos más interesantes.

3 **Puesta en común.** El secretario recogerá las transcripciones de todos los miembros y las comentaréis entre todos los integrantes del grupo. Después, el portavoz expondrá los resultados del grupo a toda la clase.

Debate final

Entre todos, destacaréis qué aspectos de la vida de los entrevistados os han sorprendido más y qué diferencias observáis con la época actual.

Encuentra a los personajes

Picasso pintó una serie de cuadros en los que reinterpretó el cuadro *Las meninas*, de Diego Velázquez:

- Observa el cuadro de Velázquez y localiza en el de Picasso dónde están los diferentes personajes señalados.
- ¿Cuál de las dos versiones del cuadro es más realista?
- ¿Qué versión te gusta más? Razona tu respuesta.
- ¿Te atreverías a pintar tu propia interpretación de *Las meninas*? ¿Emplearías un estilo más realista o más abstracto? ¿Por qué?

Las meninas, de Velázquez, 1556.

Las meninas, de Picasso, 1957.

Completa las palabras

Lee la pista y completa los nombres en tu cuaderno:

Pista	Palabra
Primer astronauta que salió al espacio	_ _ G _ _ _ _
Tendencia pictórica que plasma la geometría del espacio	_ _ B _ _ _ _
Partido único durante el franquismo	_ _ _ _ N _ _
Huida del país por temor a represalias políticas	E _ _ _ _ _
Abastecerse solo con los propios recursos económicos	_ _ _ _ _ Q _ _ _
Gran extensión de tierra propiedad de una sola persona	_ _ _ _ _ _ _ _ _ O
Famoso pintor surrealista	_ A _ _
Nombre que denominaba al bando sublevado durante la Guerra Civil	_ _ _ _ _ _ _ L

Ya sé...

1. Copia y completa en tu cuaderno:

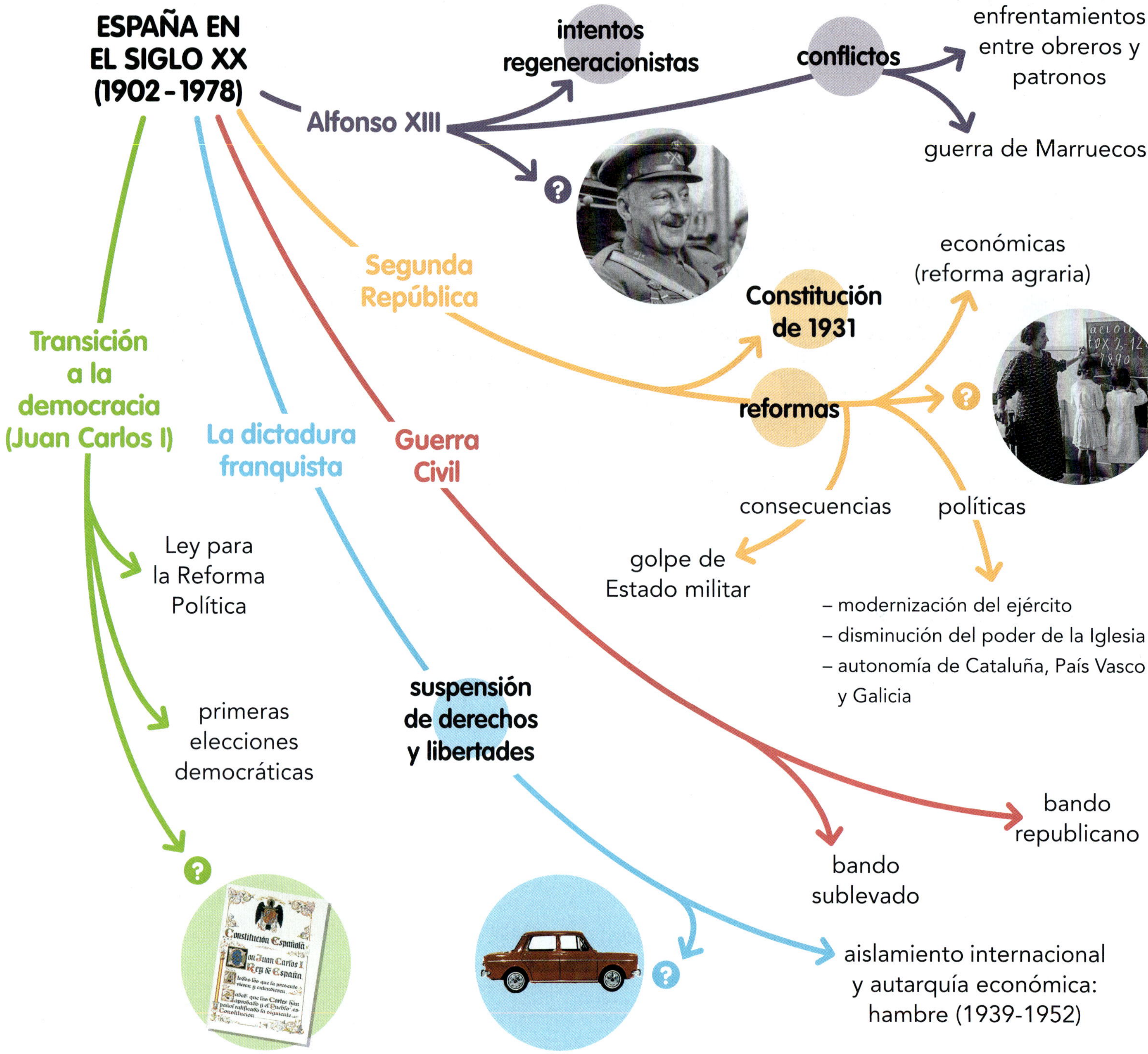

2. Escribe una redacción:

- Redacta un texto breve en el que contestes a la pregunta siguiente: ¿Qué distintas formas de gobierno hubo en España entre 1902 y 1978? ¿Qué aspectos caracterizaron a cada una de ellas?
- Para ello, utiliza estos conceptos: monarquía, dictadura, República, golpe de Estado, transición a la democracia y Constitución de 1978.

3. Piensa y argumenta:

- ¿Cuántas dictaduras ha conocido España entre los años 1920 y 1975? ¿Cuáles son las características de una dictadura?
- Escribe cinco argumentos que expliquen por qué es mejor vivir en una democracia que en una dictadura.

4. En el texto hay nueve errores, localízalos y corrígelos:

> Alfonso XIII alcanzó la mayoría de edad en 1885 y abandonó el país en 1931, después del triunfo monárquico en las elecciones municipales. Durante su reinado tuvo lugar la dictadura de Primo de Rivera, que instituyó una Constitución.
>
> La Segunda República llevó a cabo reformas como la expropiación de latifundios, el aumento del poder de la Iglesia y la centralización del Estado.
>
> Un golpe de Estado en el año 1933 inició la Guerra Civil, que finalizó con el triunfo del bando republicano.
>
> En 1939, Francisco Franco instauró una dictadura, que permitía la existencia de partidos políticos y que se mantuvo hasta el exilio del dictador en 1975. Unas elecciones democráticas en 1977 restablecieron la democracia.

5. Ordena cronológicamente los siguientes acontecimientos de la España del siglo XX:

- Golpe de Estado de Primo de Rivera.
- Aprobación del sufragio femenino.
- Inicio de la Guerra Civil.
- Proclamación de la Segunda República.
- Mayoría de edad de Alfonso XIII.
- Dictadura franquista.
- Primeras elecciones democráticas tras el franquismo.
- Proclamación del rey Juan Carlos I.

Valoro mi aprendizaje

- Diferencio las etapas de la historia de España en el siglo XX.
- Entiendo el esfuerzo de la mujer por tratar de igualarse al hombre.
- Comprendo las causas y las consecuencias de la Guerra Civil.
- Identifico las características del régimen franquista.
- Reconozco la transición como un periodo histórico que permitió la implantación de la democracia en España.
- Conozco los grandes cambios sociales, tecnológicos y ambientales del siglo XX.

1 Lo entiendo y lo sé hacer.

2 Me cuesta entenderlo o hacerlo.

3 Debo repasarlo.

¡No te olvides de pasar por el Gimnasio para practicar algunos ejercicios! ¡clic! ¡clic!

6 Vivimos en España y en la Unión Europea

Vas a aprender a...

- analizar cómo es el sistema político español
- conocer la evolución política y la sociedad españolas
- descubrir cómo es la Unión Europea y qué ha significado para España su integración en ella
- valorar la importancia del diálogo para la convivencia democrática
- conocer la evolución del arte desde finales del siglo XX

¡Aprende lenguas!

El Día Europeo de las Lenguas se celebra todos los años el 26 de septiembre. Se instauró en 2001 para potenciar la riqueza de la diversidad lingüística de Europa, que cuenta con cerca de 225 lenguas, y promover el plurilingüismo, que permite entender, escribir o hablar varias lenguas.

Las encuestas muestran que adquirir cierto nivel de competencia en inglés es una prioridad para la mayor parte de los estudiantes (uno de cada tres declara que puede mantener una conversación). Pero cada vez será más importante hablar otros idiomas, además del inglés. En el mundo laboral y en el entorno académico, los nativos de lengua inglesa tendrán que competir con candidatos que, además de hablar su lengua materna, se expresarán en inglés y, cada vez más, en un tercer o cuarto idioma.

La competencia lingüística no supone solo beneficios económicos, sino que además nos impulsa a ser más abiertos a otras culturas y actitudes. Quienes son capaces de comunicarse con personas de otras culturas suelen ser más flexibles y tolerantes.

Recuerda, asimismo, que cada lengua que se aprende resulta progresivamente más fácil. Por tanto, una vez superada la dificultad inicial, no lo dudes, si te apetece aprender el húngaro o el cantonés, ¡ponte manos a la obra!

Neil MADDEN: "Hacia la era políglota" (adaptación), Centro Europeo de Lenguas Modernas.

1. ¿Qué es el Día Europeo de las Lenguas? ¿Para qué se estableció? ¿Qué se entiende por plurilingüismo?
2. ¿Qué ventajas tiene ser plurilingüe? ¿Estás de acuerdo en que aprender otras lenguas nos ayuda a ser más tolerantes? ¿Por qué?

Pienso

- El español es la lengua oficial en más de 20 países, y cada año más estudiantes europeos lo eligen como segunda lengua. Averigua en qué países es la lengua oficial.

Me interesa

- ¿Te gusta aprender otra lengua? ¿Has pensado alguna vez en viajar para estudiar, trabajar o pasar las vacaciones en otro país? ¿Qué valores puede aportarte?

Reflexiono

- ¿Qué argumentos utilizarías para animar a un niño o niña extranjeros a estudiar español?

Me hago preguntas

¿Cómo es la democracia española?

¿Cómo es el sistema político español?

La Constitución de 1978 establece que la forma política del Estado español es la **Monarquía parlamentaria**, en la que el Rey es el Jefe del Estado, pero el poder reside en el pueblo, que lo ejerce a través de sus representantes elegidos por **sufragio**.

La Monarquía parlamentaria

El Rey es la primera institución del Estado, pero no ejerce tareas de gobierno. Sus principales funciones son:

- Actuar como árbitro y moderador del funcionamiento de las instituciones.
- Representar al Estado en las relaciones internacionales.
- Ejercer el mando supremo de las Fuerzas Armadas.

¿Cuáles son las principales instituciones del Estado?

La Constitución fija también cuáles son las principales instituciones del Estado, su composición y sus funciones:

Las Cortes Generales

Las **Cortes** tienen el **poder legislativo**. Se componen de dos cámaras: el **Congreso de los Diputados** y el **Senado**.

Funciones: elaborar y aprobar leyes, controlar la acción del Gobierno y aprobar los presupuestos del Estado.

El Gobierno

El **Gobierno** ejerce el **poder ejecutivo**. Está formado por el **presidente** y los **ministros**.

Funciones: dirigir y controlar la política interior y exterior del Estado y sus instituciones. Debe actuar siempre respetando la Constitución y cumpliendo las leyes.

El Consejo General del Poder Judicial

Es el órgano de gobierno del **poder judicial**, que está formado por los jueces y los magistrados.

Funciones: velar por la independencia de jueces y magistrados frente a los otros poderes del Estado.

El Tribunal Constitucional

Es un tribunal independiente del poder judicial y está formado por **magistrados**, elegidos por varios órganos (Cortes, Gobierno y Consejo General del Poder Judicial).

Funciones: Garantizar que todos los poderes públicos respetan la Constitución.

1. Las instituciones se organizan según la división de poderes. Explica en qué consiste y por qué es esencial para la democracia. ¿Qué institución y qué funciones ejercen cada uno de los poderes?
2. ¿Por qué es muy importante que el poder judicial sea independiente de los otros poderes?
3. ¿Cuál es el papel del Tribunal Constitucional? ¿Quiénes lo integran?

¿Cómo se eligen estas instituciones?

La democracia española, como todas las democracias actuales, es **representativa**. Ello significa que los ciudadanos no participan directamente en las instituciones de gobierno, sino que lo hacen a través de unos **representantes elegidos**.

Los ciudadanos y las ciudadanas, mayores de 18 años, votan cada cuatro años en las elecciones generales a sus **representantes** en las **Cortes Generales**.

Los diputados y senadores forman el **poder legislativo**.

El Congreso de los Diputados escoge al presidente del Gobierno.

El **presidente del Gobierno** es investido por el Congreso de los Diputados y nombrado por el Rey. El presidente elige a los **ministros** de su Gobierno (poder ejecutivo).

Principales instituciones

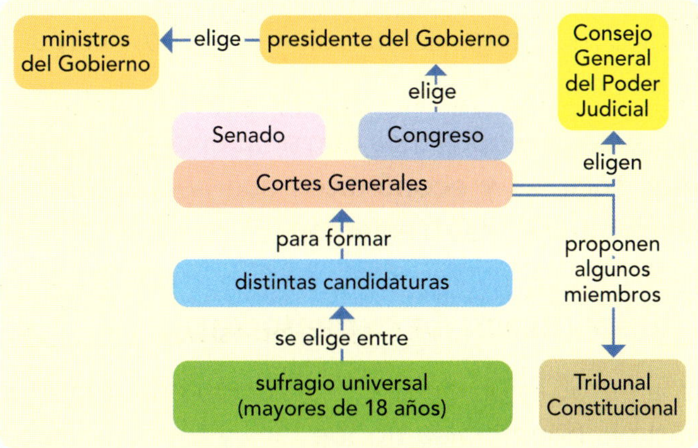

4. Observa el esquema y explica cómo se elige a los miembros de las instituciones.
5. ¿Cómo participamos los ciudadanos y ciudadanas en la política? ¿Qué instituciones votamos directamente?

¿Cómo son unas elecciones democráticas?

Las elecciones son la clave de la democracia porque expresan la voluntad del pueblo. Los ciudadanos y ciudadanas eligen a nuestros representantes a través de los **partidos políticos**, que son organizaciones de personas con unas ideas y valores comunes.

Las elecciones deben ser **libres**, es decir, deben poder presentarse todos los candidatos que lo deseen y debatir libremente sus ideas.

También han de ser **periódicas** (cada 4 o 5 años) y deben tener derecho a voto todos los ciudadanos y ciudadanas a partir de una determinada edad (**sufragio universal**).

Además, no debe existir ningún tipo de coacción sobre los electores, y el recuento debe hacerse con **transparencia**.

6. ¿Qué requisitos deben cumplir unas elecciones libres? ¿Recuerdas cuántas elecciones se celebran en España? ¿Qué institución se elige en cada una de ellas?

Para poder votar, deberéis esperar a cumplir los 18 años.

Extraigo conclusiones

7. ¿Por qué podemos afirmar que España es una democracia parlamentaria? Justifica tu respuesta con ejemplos de la elección y funcionamiento de sus instituciones.

La España actual

En las últimas décadas, España ha vivido el periodo democrático más largo de su historia y se ha incorporado plenamente a Europa.

Los sucesivos gobiernos han emprendido una serie de **reformas sociales y económicas** que han equiparado España con los países de su entorno.

La consolidación de la democracia

Tras la aprobación de la Constitución en 1978, la consolidación de la democracia no fue fácil y tuvo que superar serias dificultades:

- Un intento de **golpe de Estado** en 1981.
- El incremento de **acciones terroristas**, especialmente de la organización ETA.
- Una fuerte **crisis económica**, que hizo aumentar los conflictos obreros.

Tras el fracaso del golpe de Estado, las elecciones de 1982 supusieron un cambio en las fuerzas políticas: UCD (Unión de Centro Democrático), el partido que había protagonizado la transición, desapareció, y unos años más tarde, AP (Alianza Popular) se convirtió en PP (Partido Popular).

La alternancia en el poder

A partir de entonces, se consolidó en España la alternancia en el poder de dos grandes partidos (PP y PSOE), que se ha mantenido hasta la actualidad.

El PSOE gobernó en dos grandes etapas: entre los años 1982 y 1996, bajo la presidencia de Felipe González, y entre 2004 y 2011, con la presidencia de José Luis Rodríguez Zapatero.

El PP gobernó en otros dos periodos: entre 1996 y 2004, bajo la presidencia de José María Aznar, y entre 2011 y 2018, mientras fue presidente Mariano Rajoy.

En las elecciones del año 2015, que ganó el PP, se presentaron dos partidos nuevos, Ciudadanos y Podemos, que obtuvieron un número elevado de diputados.

En 2018, una moción de censura dio la presidencia a Pedro Sánchez, del PSOE, que convocó elecciones al año siguiente. En estas elecciones de 2019, el PSOE obtuvo la victoria.

El 23-F puso en peligro la democracia

El 23 de febrero de 1981, un grupo de militares intentó llevar a cabo un golpe de Estado militar con el objetivo de poner fin al proceso democrático.

La firme oposición del Rey, de los partidos democráticos y de la ciudadanía hizo fracasar el golpe y consolidó la democracia.

El 23-F, un grupo de guardias civiles irrumpió violentamente en el Congreso de los Diputados.

Resultados electorales en 2019

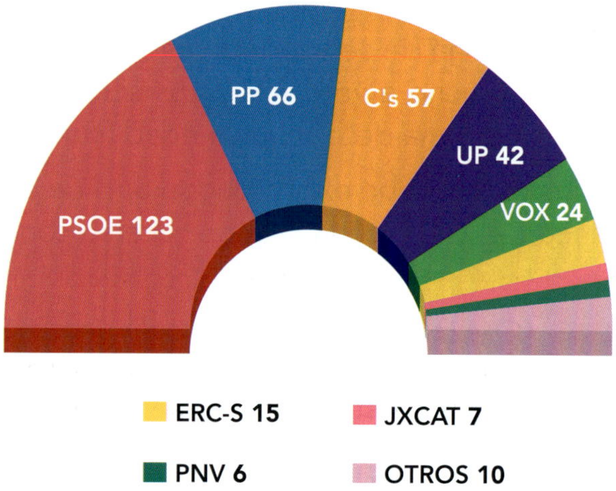

Profundizo: La evolución de la economía

Entrada en Europa y crecimiento económico

La entrada de España en la Comunidad Económica Europea, en 1986, supuso la llegada de importantes ayudas europeas, que contribuyeron a la construcción de nuevas infraestructuras y a la modernización de la economía.

Esto condujo a un periodo de crecimiento económico, que situó la economía española entre las diez más prósperas del mundo.

Además, el nivel de riqueza de la población se aproximó al de los países europeos más desarrollados.

Algunas de las inversiones europeas en España se han destinado a construir la red de ferrocarriles de alta velocidad (AVE) y a mejorar las instalaciones de los aeropuertos, como este de Santiago de Compostela.

Evolución de la tasa de paro en España

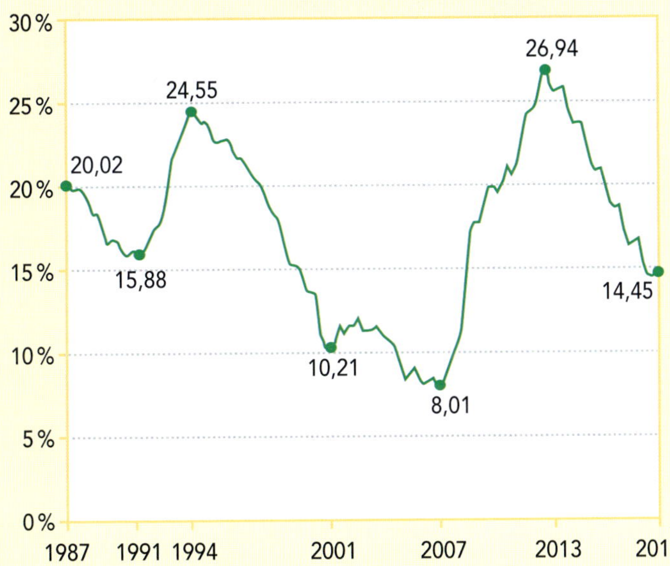

La crisis económica y su recuperación

A partir del año 2008, una crisis mundial, que afectó sobre todo al sector inmobiliario y de la construcción y también al sector financiero (banca), frenó el crecimiento económico.

Como consecuencia de esa crisis, muchas empresas quebraron y el paro llegó a superar el 25 % de la población.

A partir de 2014, la economía inició la recuperación, gracias sobre todo al crecimiento del sector terciario, y en particular, del turismo, la hostelería, y las exportaciones.

En consecuencia, el paro ha bajado considerablemente, aunque no se ha alcanzado todavía el nivel de empleo anterior a la crisis.

Comprendo, aplico y razono

8. ¿Por qué el 23-F puso en peligro la democracia? Describe e interpreta la fotografía.
9. ¿Qué dos partidos se han alternado en el poder desde la consolidación de la democracia? ¿Quiénes han sido los líderes de estos partidos?
10. Observa el gráfico de los resultados electorales en 2019 y di cuáles son los partidos con mayor representación en el Congreso.
11. ¿Quién es el actual presidente del gobierno? ¿De qué partido forma parte?
12. ¿Qué evolución ha seguido la economía española desde el advenimiento de la democracia?
13. Observa el gráfico de la tasa de paro y explica su evolución en los últimos años. ¿Por qué crees que la tasa de paro es un importante indicador de la situación de la economía?

Soy capaz de...

Hacer un "Debate sobre el estado de nuestra clase"

En el Congreso de los Diputados de España se celebra cada año el llamado "Debate sobre el estado de la nación". En él, los diputados y diputadas de los diferentes partidos valoran la actuación del gobierno y plantean sus propias propuestas.

Vamos a aprender en qué consiste este debate y a organizar un "Debate sobre el estado de nuestra clase".

Pensad cuáles serán vuestras propuestas y preparaos para grabarlas en vídeo.

Comprendo la tarea

1 Pactar el tema y la mecánica del debate

Delimitar el tema

El "Debate sobre el estado de nuestra clase" se centrará en reflexionar sobre qué aspectos de la convivencia de la clase no acaban de funcionar correctamente, y qué propuestas planteáis para mejorarla.

Fijar las normas

La mecánica de funcionamiento del debate puede ser la siguiente:

- Visionado de un vídeo, sin interrupciones, en el que cada grupo planteará sus propuestas a toda la clase.
- Después de ver todos los vídeos, un representante de cada grupo podrá intervenir un minuto para comentar las propuestas de los otros grupos.
- Finalmente, realizaréis la votación de las propuestas presentadas por cada grupo. Cada alumno o alumna tendrá derecho a un voto.

2 Preparar el vídeo de vuestra intervención

Reflexionar y debatir en el grupo

Organizados en grupos, pensad tres aspectos del funcionamiento de vuestra clase que no os gusten y decidid qué medidas podéis tomar para mejorarlos.

Las propuestas de vuestro grupo deben ser debatidas y consensuadas entre todos. Nombrad a un secretario para anotar todas las proposiciones.

Preparar la exposición y grabarla en vídeo

Seguidamente, os convertiréis en guionistas, directores y actores:

- Primero, pensad el guion de las propuestas, escoged a vuestro representante y ensayad el discurso.
- Después, grabad con la cámara del móvil un vídeo de un minuto de duración con vuestra intervención en el debate y mostradla a toda la clase.

3 Realizar el debate y votar

Dedicad una hora de clase a realizar el debate siguiendo las normas que se han establecido anteriormente. Durante el debate no se aplaude, ni se silba, ni se grita. Todas las opiniones son respetables:

- Anotad en la pizarra las propuestas que realiza cada grupo.
- Votad individualmente las cinco propuestas que os parezcan más acertadas.
- Debatid cómo creéis que se pueden llevar a cabo.

Aplico lo aprendido

14. Buscad información en Internet sobre cómo se realiza en el Congreso de los Diputados el "Debate sobre el estado de la nación". ¿Cuál es su finalidad?

15. ¿Por qué el debate y el contraste de opiniones es tan importante en una sociedad democrática? Argumenta tu respuesta.

Cómo es...

La sociedad española

Desde que España recuperó la democracia, se ha ido consolidando un Estado del bienestar, que asegura unas **prestaciones o beneficios sociales** a los ciudadanos y ciudadanas.

Además, la sociedad se ha transformado, igualándose con las sociedades avanzadas de su entorno.

Busco y defino:

- Estado del bienestar
- Seguridad Social
- sistema fiscal progresivo
- servicios sociales
- población envejecida
- terciarización económica

El Estado del bienestar

El Estado español garantiza unos **derechos sociales** básicos a todos los ciudadanos y ciudadanas, que se financian con los **impuestos** que todos pagamos. Los más importantes son:

Un sistema de Seguridad Social, que ofrece atención sanitaria, garantiza las pensiones de jubilación y da protección a las personas sin trabajo o desempleadas.

La enseñanza gratuita y obligatoria hasta los 16 años, y la financiación parcial de la educación no obligatoria posterior y la universitaria.

Los servicios sociales para ayudar a los discapacitados, proteger a la infancia y apoyar a los que sufren situaciones de exclusión social.

¿Cómo se pagan los impuestos?

Para poder atender a los **gastos del Estado**, todos los españoles tenemos la obligación de pagar impuestos.

El sistema fiscal o de impuestos español es **progresivo**, es decir, cada persona paga unos impuestos proporcionales a sus ingresos.

Además, todos los trabajadores y las empresas pagan una cantidad para el mantenimiento de la Seguridad Social.

Agencia Tributaria

La modernización social

La sociedad española ha cambiado considerablemente en los últimos años gracias a los grandes avances tecnológicos, al crecimiento de su economía y a la mejora del nivel de vida.

¿Qué características presenta hoy en día la sociedad española?

Para saber más sobre el empleo de las nuevas tecnologías en la sociedad española, entra en:
www.tiching.com/774166

Envejecimiento de la población, consecuencia del aumento de la esperanza de vida y del descenso de la natalidad.

Nuevos modelos familiares, que sustituyen a la familia nuclear, como las familias monoparentales.

Nuevo papel de las mujeres, que cada día están más presentes en el mundo del trabajo y la política.

Diversificación social, resultado de la inmigración, que ha comportado una sociedad más diversa y multicultural.

Terciarización económica, que provoca que la mayoría de la población trabaje en el sector servicios.

Nuevas tecnologías, que han entrado en todos los hogares y han cambiado las formas de estudio, trabajo y ocio.

Comprendo y explico

16. ¿Qué derechos sociales asegura el Estado a todos los españoles? Imagina qué consecuencias sociales podrían derivarse de la desaparición de la Seguridad Social y la enseñanza gratuita.
17. ¿Cómo se pagan las ayudas sociales que ofrece el Estado? ¿Qué le dirías a una persona que piensa que no se deben pagar impuestos?
18. Fíjate en tu entorno social y pon ejemplos sobre las nuevas tendencias de la sociedad española.
19. Algunas personas consideran que la convivencia con personas de otras razas, culturas y religiones es un problema. ¿Opinas lo mismo? ¿Qué argumentos podemos utilizar para convencerlas de que la convivencia aporta riqueza?

¿Cómo se ha formado la Unión Europea?

La Unión Europea (UE) es una comunidad económica y política formada por 28 países europeos, con una superficie de 4 millones de km² y una población de 508 millones de habitantes.

Después de un siglo de enfrentamientos entre países de Europa (Primera y Segunda Guerra Mundial), en 1957, algunos Estados europeos se reunieron en Roma e iniciaron un proyecto para favorecer la paz y la cooperación entre Estados. Fue el origen de la UE.

El 9 de Mayo, Día de Europa, se organizan actividades muy diversas para que los niños y jóvenes participen en la construcción de Europa.

La Unión Europea, un proyecto en evolución

El proyecto fundacional de la UE se ha mantenido desde sus orígenes en 1957, pero la cooperación europea ha ido evolucionando como resultado de la incorporación de nuevos miembros y de la modificación de sus objetivos y de su funcionamiento.

Diversos tratados y acuerdos muestran cómo ha sido esta evolución:

Tratado de Roma (1957). Tratado de fundación de la Comunidad Económica Europea (CEE). Su intención era crear un mercado común en el que todos los productos podían circular libremente entre los países miembros.

Tratado de Maastricht (1992). Su objetivo era preparar la Unión Monetaria Europea (euro) e introducir elementos de unión política (ciudadanía europea). A partir de Maastricht, la CEE pasó a denominarse Unión Europea.

Acuerdo de Schengen (1995). Acuerdo que establece un espacio común de países europeos por el que las personas pueden circular con libertad.

Tratado de Lisboa (2009). Estableció reformas para hacer la UE más democrática, eficiente, transparente y mejor capacitada para abordar, con una sola voz, los problemas mundiales.

Preámbulo del Tratado de Roma

Decididos a asegurar, mediante una acción común, el progreso económico y social de sus respectivos países (...).

Fijando como fin esencial de sus esfuerzos la mejora de las condiciones de vida y de trabajo de sus pueblos (...).

Preocupados por reforzar la unidad de sus economías y asegurar su desarrollo armonioso, reduciendo las diferencias entre las diversas regiones y el retraso de las menos favorecidas (...).

Resueltos a consolidar la defensa de la paz y la libertad (...).

Los países firmantes **han decidido** crear una **Comunidad Europea.**

Profundizo: La ampliación de la Unión Europea

La Unión Europea actual es el resultado de la adhesión progresiva de nuevos Estados miembros. Asimismo, varios Estados más han solicitado su adhesión y se ha iniciado un proceso de negociación (Turquía, Serbia...).

En 2016, el Reino Unido solicitó su salida de la Unión Europea (*Brexit*), que debía hacerse efectiva en 2019.

La Europa de los 28

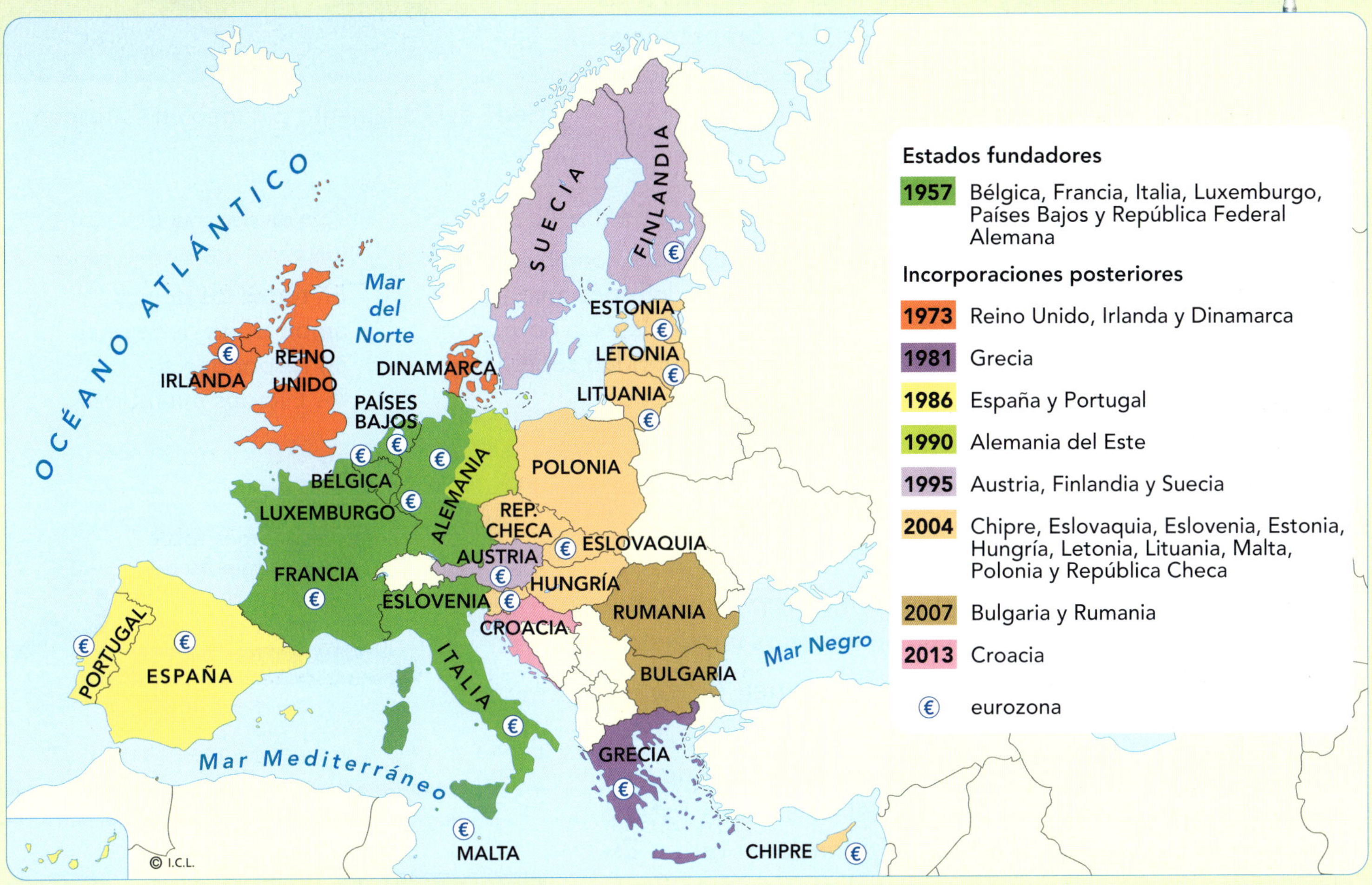

Comprendo, aplico y razono

20. Elabora en tu cuaderno un eje cronológico de la formación de la Unión Europea.

Deben constar estas informaciones:

- El año de la creación y los de las sucesivas ampliaciones, así como los países incorporados en cada año.
- Los principales tratados constitutivos de la Unión Europea.

21. Lee el texto del Preámbulo del Tratado de Roma y explica con tus palabras qué objetivos proponían sus fundadores.

22. El nueve de mayo es el Día de Europa. Averigua qué se conmemora en esa fecha.

23. Infórmate de qué condiciones debe cumplir un estado para ser admitido como candidato a formar parte de la Unión Europea.

¿Cómo funciona la Unión Europea?

La actuación y el funcionamiento de la Unión Europea se apoya en los tratados que han sido aprobados de manera voluntaria y democrática por todos los países miembros.

Sede del Parlamento Europeo en Estrasburgo.

¿Qué competencias tiene la Unión Europea?

La Unión Europea es un conjunto de Estados, que han cedido parte de su soberanía y competencias legislativas a las instituciones comunitarias. De este modo, las competencias o ámbitos de actuación se reparten entre las instituciones de la UE y los Estados miembros:

Competencias exclusivas
En algunos ámbitos, como el comercio, las aduanas y la política monetaria de la zona, las decisiones y las leyes son adoptadas a nivel comunitario por la UE.

Competencias compartidas
En agricultura, medioambiente, protección de los consumidores y transporte, las leyes o normas de la UE tienen prioridad sobre las leyes de los Estados.

Competencias de los Estados miembros
En todos los demás ámbitos, las decisiones corresponden a los Estados miembros.

¿Cómo se financia y qué presupuesto tiene la Unión Europea?

La Unión Europea se financia con recursos propios, y todos los ciudadanos contribuimos a ello con nuestros impuestos.

Los ingresos con que cuenta la Unión Europea proceden mayoritariamente de tres grandes fuentes:

- Las **aportaciones de los Estados miembros**, que son proporcionales al nivel de riqueza del país. Cada Estado aporta a la UE un 0,73 % de su renta nacional bruta. Estos fondos representan dos tercios del presupuesto final.
- Los **derechos de importación** que cobra a los productos procedentes de países no miembros.
- Un **porcentaje del impuesto sobre el valor añadido** (IVA), recaudado por cada país miembro.

España es el quinto país que más aporta, por detrás de Alemania, Francia, Reino Unido e Italia.

Cada español contribuye al funcionamiento de la UE con aproximadamente 240 euros anuales.

Para saber más sobre el funcionamiento del Parlamento Europeo, entra en:
www.tiching.com/774576

En qué se gasta el dinero de la UE

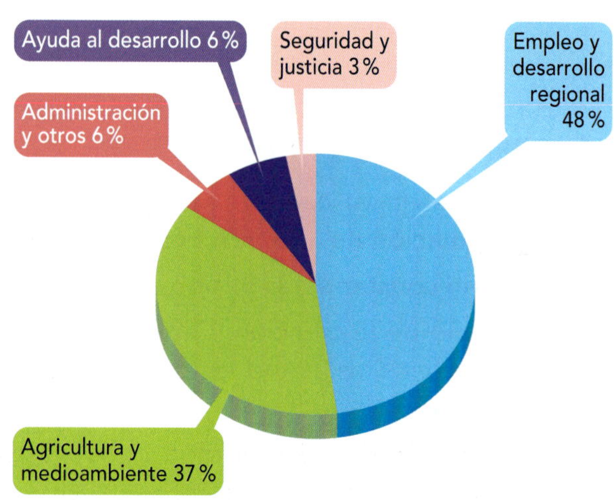

Presupuesto de la UE en 2017: 157 900 millones de euros

Profundizo: ¿Cuáles son las principales instituciones de la Unión Europea?

Los tratados de la Unión establecen cuáles son las instituciones de la Unión Europea, cómo es su composición y funcionamiento, y cómo se toman las decisiones.

Institución	Composición	Función	Sede
Parlamento Europeo	Diputados elegidos en cada uno de los países miembros.	Estudia y aprueba las leyes y el presupuesto de la UE. Elige al presidente de la Comisión.	Bruselas (Bélgica), Estrasburgo (Francia) y Luxemburgo.
Consejo Europeo	Jefes de Estado y de Gobierno de la UE y otros miembros.	Establece las prioridades de la UE.	Bruselas (Bélgica).
Consejo de la UE	Ministros de los países miembros.	Coordina la política de la UE.	Bruselas (Bélgica).
Comisión Europea	Un representante de cada país.	Constituye el Gobierno de la UE y dirige la administración, elabora los presupuestos, propone nuevas leyes y vigila su cumplimiento.	Bruselas (Bélgica).
Tribunal de Justicia	Un juez de cada Estado miembro.	Dicta sentencia sobre cuestiones de la UE y resuelve las dudas legales.	Luxemburgo.
Banco Central Europeo	Bancos centrales de cada país miembro.	Gestiona el euro y fija las grandes líneas de acción económica. Emite los billetes.	Frankfurt (Alemania).
Tribunal de Cuentas	Un representante de cada Estado.	Controla el buen uso de los fondos económicos de la UE.	Luxemburgo.

Comprendo, aplico y razono

24. La UE, ¿puede hacer leyes o dictar normas en todos los ámbitos? ¿Cómo se reparten las competencias entre la UE y los Estados miembros?
25. ¿Crees que los impuestos que pagan tus padres ayudan al financiamiento de la Unión Europea? Justifica tu respuesta.
26. Di a qué institución de la Unión Europea corresponde cada una de las tareas siguientes: aprobar el presupuesto, emitir euros, controlar que se cumplan las leyes, aprobar las leyes, controlar cómo se gasta el presupuesto, proponer leyes y elaborar el presupuesto.
27. ¿Por qué crees que las sedes de las distintas instituciones se hallan repartidas entre diferentes ciudades europeas? ¿Qué país reúne las principales instituciones de gobierno de la Unión?

España, un país de la Unión Europea

La Constitución de 1978 convirtió a España en un país democrático, que se ha integrado plenamente en la Unión Europea. Hoy en día es el segundo país de la Unión en extensión, y el quinto en habitantes y en importancia económica.

Busco y defino:
- acuerdo comercial
- programa comunitario
- relaciones internacionales

¿Cómo ingresó España en la Unión Europea?

Para poder ingresar en la Comunidad Económica Europea, España tuvo que recorrer un largo camino:

- En 1962, el gobierno franquista solicitó su ingreso en la CEE, pero fue rechazado por no cumplir el requisito de ser un país democrático.
- En 1970, la CEE firmó **acuerdos comerciales** con España, aunque sin aceptar su petición de ingreso.
- En 1977, en los inicios de la transición democrática, el gobierno de Suárez presentó una **solicitud de ingreso**, que esta vez sí fue aceptada.
- En 1986, y tras un largo proceso de negociación, España fue admitida como **miembro de pleno derecho**.
- Finalmente, en 2002, España adoptó el **euro**, una **moneda común** para todos los miembros la zona euro.

Firma del Tratado de Adhesión de España a la Comunidad Económica Europea.

Un país comunitario de pleno derecho

Desde su incorporación a la CEE, España ha participado en los programas comunitarios y ha recibido **ayudas económicas** e **inversiones** procedentes de la Unión Europea.

Todo ello ha impulsado un considerable **crecimiento económico y desarrollo social**. Desde entonces, el nivel de riqueza de los españoles ha ido acortando distancias respecto al de los países europeos más desarrollados.

Además, la pertenencia a la UE ha contribuido a consolidar el sistema democrático, a otorgar una mayor presencia de España en las relaciones internacionales y a favorecer los intercambios culturales y la movilidad de las personas.

España tiene 54 escaños de los 751 con que cuenta el Parlamento Europeo. Esta alta representación es debida a su elevado peso demográfico, que le otorga un importante papel en los organismos comunitarios.

Profundizo: Las ventajas de ser un país miembro de la Unión Europea

Abrir la economía española a más de 500 millones de consumidores sin tener que pagar impuestos.

Recibir fondos económicos europeos para:

- Ayudar a la restauración del patrimonio artístico.
- Construir complejos culturales (auditorios, bibliotecas...).
- Mejorar infraestructuras (aeropuertos, puertos) y transportes (construcción de autovías y del AVE).

Participar en la política agraria y pesquera europea para mejorar ambos sectores y desarrollar las zonas rurales.

Participar en una moneda común, el euro, que permite comerciar y viajar a otros países sin tener que cambiar de moneda.

Desarrollar actividades conjuntas que no serían posibles por separado, como la construcción del avión Airbus o la existencia de la Agencia Espacial Europea.

Viajar, residir y trabajar libremente en cualquier país comunitario.

Colaborar en programas medioambientales para preservar y defender el entorno natural.

Utilizar la tarjeta sanitaria europea, que asegura la asistencia médica en cualquier país comunitario.

Participar en programas educativos de intercambio de estudiantes entre los distintos países (Erasmus, Sócrates, Lingua).

Comprendo, aplico y razono

28. Explica cómo se llevó a cabo el ingreso de España en la CEE. ¿Por qué no fue aceptada su primera solicitud?

29. ¿Qué ventajas tiene el euro para los ciudadanos que lo usan como moneda? Averigua en qué países de la UE deberías cambiar moneda.

30. Pon cinco ejemplos de cómo la entrada en la UE afecta a la vida cotidiana de las personas (viajes, compras, estudios, trabajo en Europa...).

31. ¿Piensas que formar parte de la Unión Europea ha sido beneficioso para España? Argumenta tu respuesta y pon ejemplos.

Rincón del arte

El arte actual

Desde finales del siglo XX, la incorporación de las nuevas tecnologías y el progreso técnico han revolucionado el mundo del arte, que ha entrado en la era digital.

La fantasía en la arquitectura

Los avances del diseño por ordenador y las posibilidades técnicas de algunos materiales (vidrio, acero, hormigón) ofrecen nuevas oportunidades a la arquitectura contemporánea.

Gracias a la tecnología, los arquitectos pueden construir edificios con formas fantasiosas. En algunos casos, el uso de entramados y tubos en el exterior deja a la vista la estructura del edificio, como si se tratase de un mecano.

Renzo Piano y Richard Rogers: Centro Nacional de Arte y Cultura Georges Pompidou, París, 1977.

La pintura: nuevas formas y texturas

A partir de la segunda mitad del siglo XX surgieron nuevos caminos para la expresión artística, como el hiperrealismo y el informalismo.

Actualmente, los pintores siguen su propio estilo, sin obedecer a ninguna tendencia.

Miquel Barceló: *Decoración de la capilla de San Pedro*, 2006, catedral de Palma. El artista supera la idea tradicional de la pintura.

Antoni Tàpies: *Caja con cestilla*, 1999. El informalismo utiliza distintos materiales y texturas.

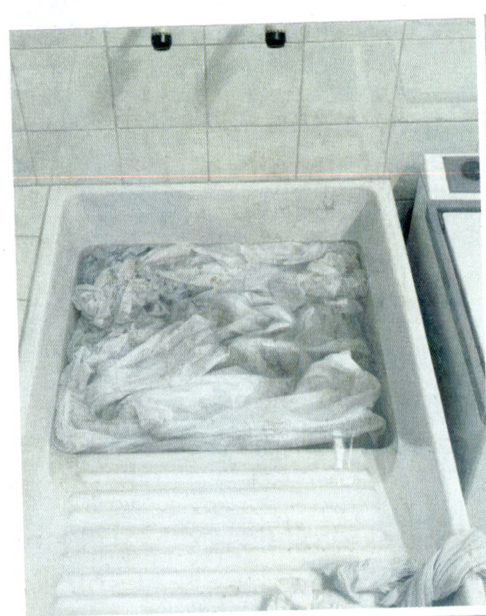

Antonio López: *Ropa en remojo*, 1968. El hiperrealismo muestra la realidad como si se tratase de una fotografía.

La escultura monumental

La escultura desarrolla nuevas formas abstractas y figurativas, que pueden alcanzar grandes dimensiones.

Los objetos cotidianos y los materiales de desecho se convierten también en objetos artísticos.

Claes Oldenburg y Coosje van Bruggen: *Cuchara-puente y cereza*, 1988.

Jaume Plensa: *Carmela*, 2015.

El arte digital

El arte digital agrupa todas las obras artísticas creadas mediante herramientas digitales.

De este modo, las obras ya no son pinturas o esculturas, sino instalaciones interactivas, imágenes, películas, vídeos, simulaciones 3D, etc., creados a partir de programas informáticos.

Los espectadores no se limitan a mirar la obra, sino que interactúan con ella, utilizando, por ejemplo, tabletas, pantallas o auriculares.

Daniel Canogar: *Videoinstalación*, 2017.

Conozco y valoro el patrimonio

32. Observa la obra de Antonio López. ¿Qué muestra la imagen? ¿Por qué su obra es considerada hiperrealista?
33. Observa las obras de Tàpies y Barceló, y explica qué ves en ellas. Valora si te gustan o no, argumentando tu respuesta.
34. Fíjate en la escultura de Jaume Plensa. ¿Crees que esta figura lleva a pensar en la comunicación o en la soledad? ¿Por qué?
35. Define el arte digital. ¿Qué medios de expresión emplea? ¿Cómo han cambiado el mundo del arte las nuevas tecnologías digitales?

Debatimos los derechos de los niños y las niñas

La Convención sobre los Derechos del Niño fue aprobada por las Naciones Unidas en 1989 y ratificada por 193 países del mundo. Contiene 54 artículos que recogen los derechos económicos, sociales y culturales de todos los niños y niñas.

Su aplicación es obligatoria para los gobiernos y también define las responsabilidades de los progenitores, cuidadores, profesionales de la salud, profesores y de los propios niños y niñas.

Estructura grupal: grupos de cuatro miembros.

Funciones de los miembros del grupo:

Coordinador o coordinadora: recibe las instrucciones del docente y controla el tiempo.

Portavoz: es la persona que habla durante la puesta en común.

Secretario o secretaria: se encarga de las tareas escritas de todo el grupo.

Tiempo: dos sesiones de clase.

Material: ordenador.

1. **Investigar en Internet.** Consultad en Internet los derechos del niño. Cada miembro del grupo debe escoger un derecho económico, uno social y uno cultural.

2. **Elaborar una ficha.** Elaborad una ficha de cada derecho escogido que contenga su descripción, un dibujo ilustrativo y las personas de quien depende su cumplimiento (gobierno, familia, profesores, etc.).

3. **Exponer y votar.** Presentad a los compañeros de grupo qué derechos habéis elegido y justificad el porqué. Entre el grupo, votad los tres que os hayan parecido más importantes para asegurar el bienestar de los niños y niñas. El secretario o secretaria anotará las votaciones y las conclusiones.

4. **Presentar al grupo clase.** El portavoz presentará al resto de la clase las fichas elegidas por su grupo y justificará el porqué de la elección.

Debate final:

- Entre toda la clase, decidid cuáles son los diez derechos que consideráis más importantes y justificadlo. Después, elaborad entre todos un mural y colgadlo en la clase.

Cada bandera con su perfil

Los dibujos muestran el perfil de diez países de la Unión Europea y sus correspondientes banderas.

- Identifica a qué país corresponde cada bandera. Después, averigua los perfiles de los diferentes países.
- ¿Están colocadas las banderas encima del perfil correspondiente? Ayuda al dibujante e indícale a qué país pertenece realmente cada bandera.
- Nombra cinco países más que pertenezcan a la UE y que no estén representados. Busca sus banderas y coloréalas.

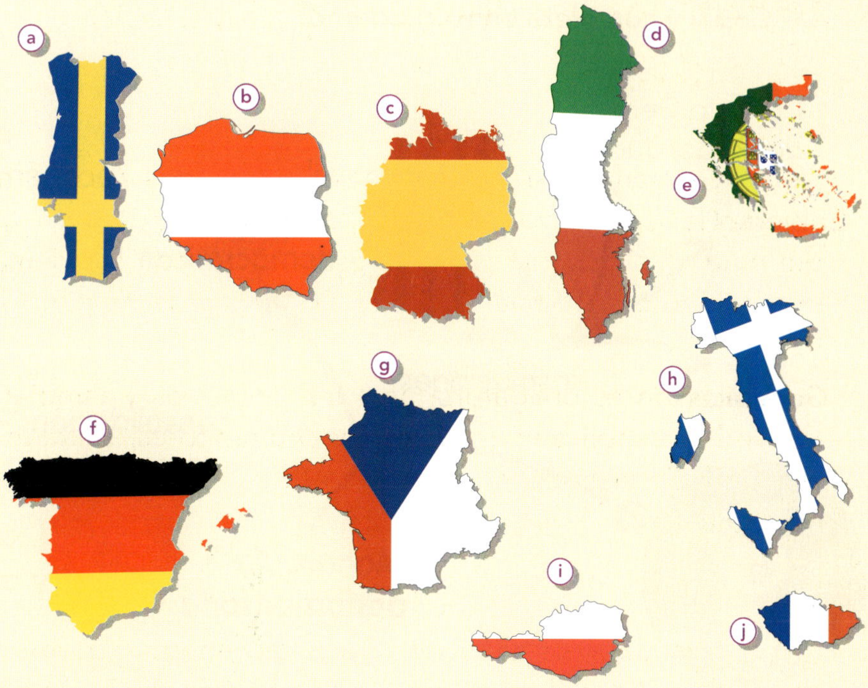

Identifica a los presidentes

Estas fotografías representan a algunos presidentes de los gobiernos españoles en democracia. Identifica a quién corresponde cada imagen y a qué partido político pertenece.

Para confundirte un poco, alguien ha puesto dos fotos que corresponden a presidentes de otros países. ¿Puedes identificar quiénes son los intrusos?

Adolfo Suárez

Felipe González

José María Aznar

Jose Luis Rodríguez Zapatero

Pedro Sánchez

Mariano Rajoy

PSOE

UCD

PP

Ya sé...

1. Copia y completa en tu cuaderno:

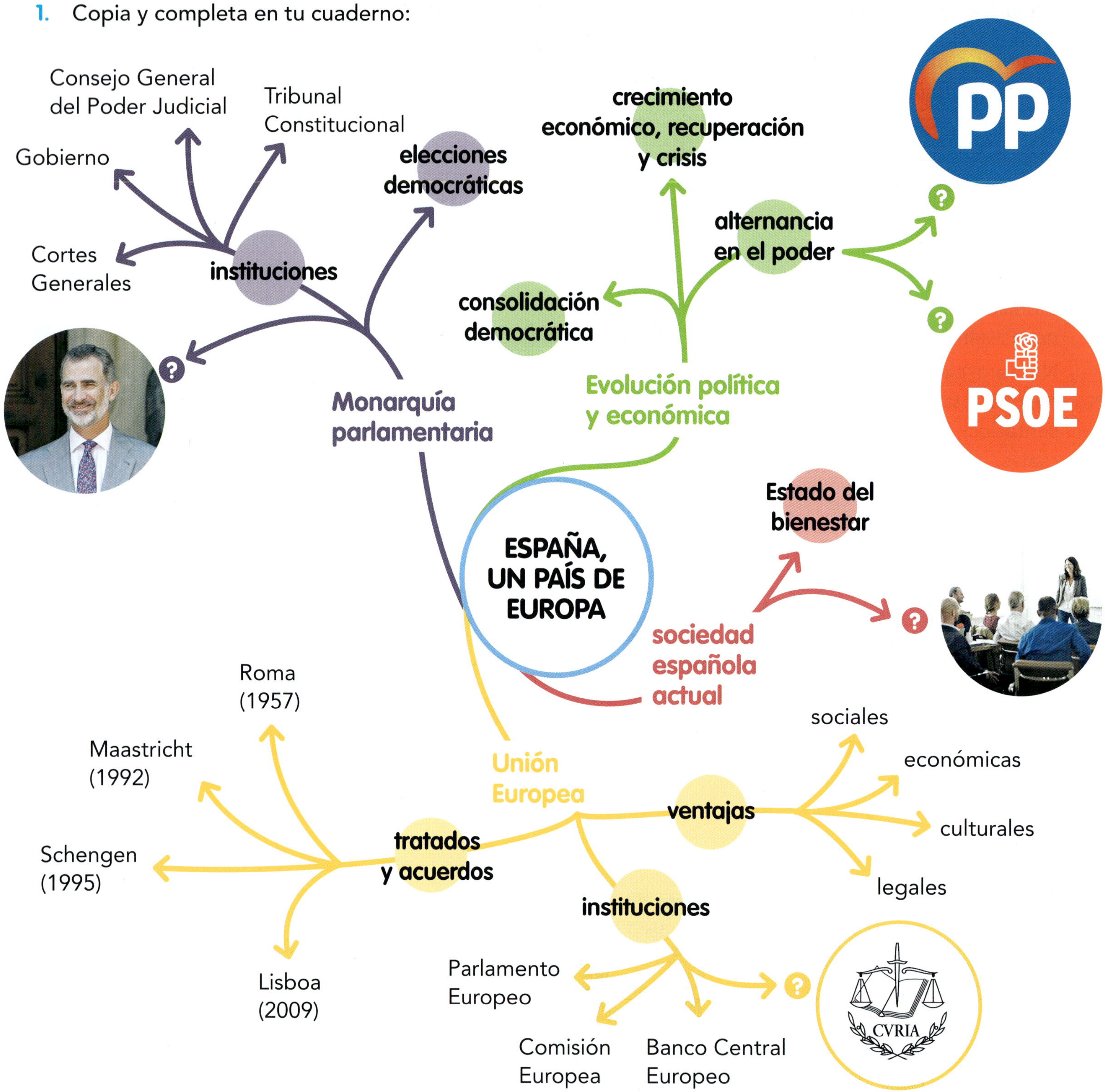

2. Escribe una redacción:

- Escribe una redacción sobre el sistema político y la sociedad actuales de España.
- Para ello, utiliza estos conceptos: monarquía, división de poderes, Congreso de los Diputados, Tribunal Constitucional, derechos y libertades, Union Europea, euro, Estado del bienestar, envejecimiento, diversidad cultural, terciarización.

3. A la pregunta "¿quién debe gobernar?" se han dado distintas respuestas. Elige cuál crees que es la correcta y argumenta el porqué:

- Una persona que se imponga por la fuerza.
- Un gobierno elegido por una minoría (por ejemplo, por los más ricos, o por los mejor preparados).
- Un gobierno elegido democráticamente por todos los ciudadanos y ciudadanas mayores de edad.
- Unas personas elegidas por sorteo entre las personas mayores de 25 años.

4. Indica a cuáles de las ventajas siguientes podemos acceder los españoles y españolas como miembros de la Unión Europea y a cuáles no.

Obtener la nacionalidad de cualquier país de la UE.

Votar en las elecciones generales de los países miembros.

Tener acceso a productos fabricados en la UE sin pagar derechos de aduana.

Recibir ayudas económicas de la UE.

Usar el euro como moneda.

Trabajar en cualquier país de la UE.

Tener asistencia sanitaria en cualquier país de la UE.

Votar en las elecciones al Parlamento Europeo.

Saltarse la legislación medioambiental.

Valoro mi aprendizaje

Entiendo que España es una monarquía parlamentaria y sé cómo se gobierna.

Sé cómo es la sociedad española actual.

Conozco cómo se formó la UE y qué ha supuesto para España integrarse en ella.

Valoro el arte y el patrimonio artístico actuales.

1 Lo entiendo y lo sé hacer.

2 Me cuesta entenderlo o hacerlo.

3 Debo repasarlo.

¡No te olvides de pasar por el Gimnasio para practicar algunos ejercicios! ¡clic! ¡clic!

Practico competencias

1. Un historiador está trabajando sobre la vida de dos personas: un padre y su hija.

   Ha acumulado diversas fotografías para reconstruir una parte de sus vidas.

   Pero las carpetas en las que guarda esas fotografías se han caído y algunas de ellas se han mezclado.

Notas del historiador

- Juan nació en 1915 en un pueblo agrícola donde vivió siempre. Fue soldado en el bando republicano en la Guerra Civil. Murió en 1983.
- María nació en 1950. Estudió en la Universidad y se quedó a vivir en una gran ciudad.

Una parte de la familia delante de casa, 1925.

Con los amigos de la Universidad, 1969.

El día de nuestra boda, 1945.

Mi primer viaje en tren, 1953.

¡Estrenando coche! Viaje familiar, 1978.

- En primer lugar, vamos a clasificar las fotografías. Observa cada una de ellas y la etiqueta que lleva. Explica de qué tratan y ordénalas según la fecha.
- Indica ahora en qué carpeta, la de Juan o la de María, deben ir las fotos. Para ello debes razonar quién ha podido vivir ese acontecimiento, según su fecha de nacimiento, su edad en el momento de la fotografía y la vida que ha llevado.

2. Además de las fotografías, también hay una serie de documentos desordenados.

- Realiza la misma identificación que con las fotografías. Explica su contenido y justifica por qué pertenecen a la historia personal de Juan o de María.

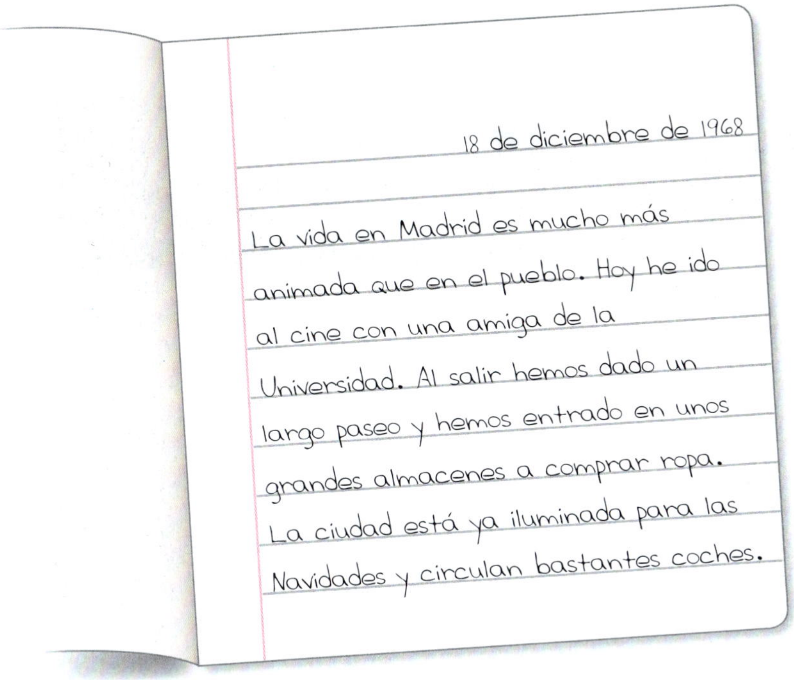
18 de diciembre de 1968

La vida en Madrid es mucho más animada que en el pueblo. Hoy he ido al cine con una amiga de la Universidad. Al salir hemos dado un largo paseo y hemos entrado en unos grandes almacenes a comprar ropa. La ciudad está ya iluminada para las Navidades y circulan bastantes coches.

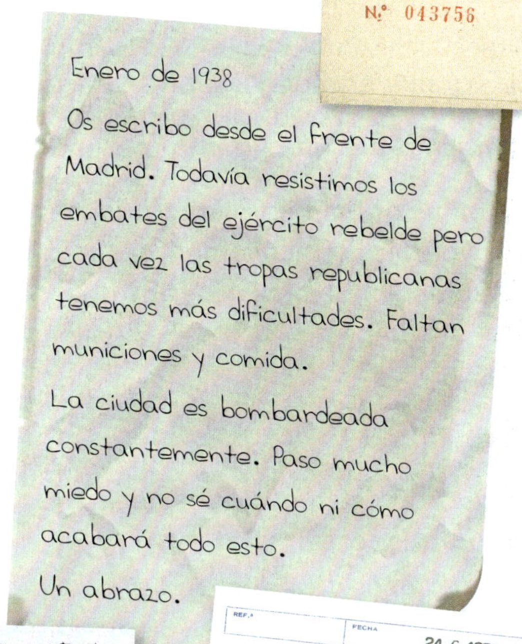
Enero de 1938

Os escribo desde el frente de Madrid. Todavía resistimos los embates del ejército rebelde pero cada vez las tropas republicanas tenemos más dificultades. Faltan municiones y comida.

La ciudad es bombardeada constantemente. Paso mucho miedo y no sé cuándo ni cómo acabará todo esto.

Un abrazo.

El Sol

Don Manuel Azaña promete el cargo de Presidente de la República ante las Cortes en sesión solemne

SALUDO

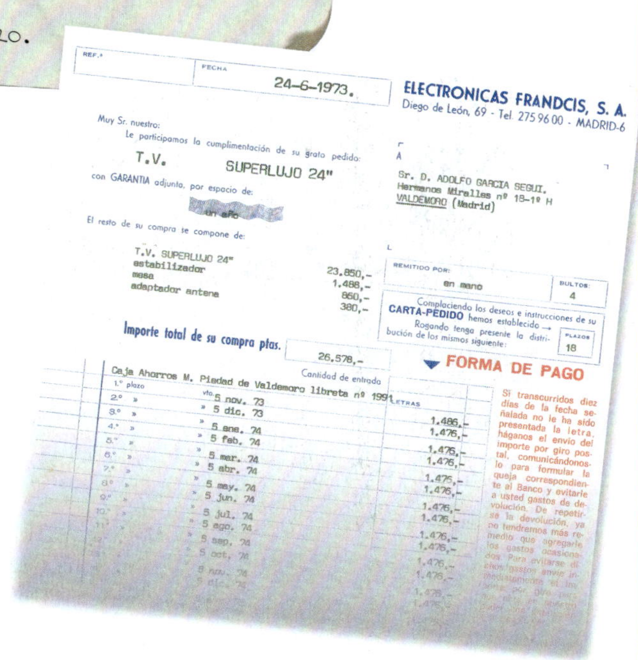
FECHA 24-6-1973.

ELECTRONICAS FRANDCIS, S. A.
Diego de León, 69 - Tel. 275 96 00 - MADRID-6

Muy Sr. nuestro:
Le participamos la cumplimentación de su grato pedido:
T.V. SUPERLUJO 24"
con GARANTIA adjunta, por espacio de: un año

A Sr. D. ADOLFO GARCIA SEGUI. Hermanos Miralles nº 18-1º H VALDEMORO (Madrid)

El resto de su compra se compone de:

T.V. SUPERLUJO 24"	23.850,-
estabilizador	1.486,-
mesa	860,-
adaptador antena	380,-

Importe total de su compra ptas. 26.576,-

CARTA-PEDIDO

FORMA DE PAGO

Caja Ahorros M. Piedad de Valdemoro libreta nº 1991

3. Una vez que hayas ordenado los documentos de Juan y María, elabora una biografía de cada uno de ellos.

- Debes tener en cuenta los datos de los documentos, las fotografías, la época del nacimiento, el lugar en el que han vivido, etc.
- Relaciona su vida con los hechos históricos que sucedieron en España en ese periodo.

Proyecto

Concurso de proyectos emprendedores

Los inventos de la historia nos hablan de los cambios sociales y de la capacidad del ser humano para transformar la realidad cotidiana. Cada día miles de personas trabajan para crear nuevos objetos con el fin de mejorar nuestro bienestar.

Os proponemos participar en un concurso para diseñar un nuevo producto que sirva para resolver una necesidad cotidiana a partir de la reutilización de un objeto usado. Para mostrar vuestra propuesta, debéis grabar en vídeo una presentación.

- **¿Qué significa tener una visión emprendedora y creativa?**
- **¿Cuáles son las principales características de un producto? ¿Y sus ventajas e incovenientes? ¿Cómo se diseña? ¿Quiénes son sus posibles usuarios (mercado)?**

Un proyecto es como plantar un árbol que queremos que crezca y nos dé frutos.

PASO PREVIO. ¿Qué sabemos y qué queremos saber?

Antes de empezar vuestro proyecto debéis recordar cuáles son los valores emprendedores.

1. Organizaos en grupos y escribid en una hoja de papel qué os sugieren cada una de estas palabras. Después, depositad vuestras respuestas en una caja de cartón.
2. Entre toda la clase, leed en voz alta las definiciones que habéis escrito y puntuad del 1 al 5 en qué medida creéis que son valores necesarios para llevar a cabo vuestro proyecto.
3. Valorad también qué actitudes debéis evitar para que vuestro proyecto tenga éxito.

Para saber más sobre emprendedores, entra en:
www.tiching.com/686962

Valores a potenciar

Valores a evitar

PLANIFICACIÓN. ¿Qué tenemos que hacer?

Para llevar a cabo este proyecto es muy importante la colaboración entre los compañeros que formáis el equipo de trabajo.

Búsqueda de materiales

4. Identificad objetos de vuestra vida cotidiana que ya no uséis (ropa, muebles, envases para reciclar, etc.) y a los que podríais dar un nuevo uso. Después, completad una ficha que responda a las preguntas que tenéis a continuación.

Diseño del producto

5. Pensad en el objeto que habéis escogido y realizad una "lluvia de ideas" que os permitirá diseñar el nuevo producto. En una hoja de papel, responded a estas preguntas.

6. Poned en común vuestras ideas y decidid cómo será el nuevo producto que vais a comercializar: características técnicas, partes, materiales, utilidad, etc.

7. Analizad los potenciales usuarios de vuestro producto (edad, necesidades, etc.) para determinar a quién va dirigido (mercado).

El arte conceptual ha sido muchas veces producto de inspiración de objetos curiosos.

DESARROLLO. ¿Cómo lo hacemos?

¡Manos a la obra! Ya disponéis de toda la información para elaborar vuestro producto y presentarlo al resto de la clase.

Fabricación del producto

8. Buscad los materiales necesarios para fabricar el producto y construidlo (si es necesario, pedid ayuda a un adulto).

Elaboración del guion audiovisual

9. Difundid el producto en un vídeo de como máximo 3 minutos. Redactad un guion que contenga:
   - La presentación del equipo que lo ha diseñado y elaborado, y el papel que ha desempeñado cada uno.
   - La explicación de sus principales características para que el producto tenga éxito.
   - La descripción de sus funciones y de las personas a quienes va dirigido (mercado).

Grabación del vídeo

10. Grabad el vídeo y presentadlo en clase. Entre todos, analizad los productos de vuestros compañeros, indicando los puntos fuertes y los puntos débiles de cada uno. Podéis sugerir propuestas de mejora.

Presentación del producto

11. Votad el proyecto que más os haya gustado y se convertirá en el ganador del concurso.

EVALUACIÓN. ¿Qué hemos aprendido?

Reflexionad sobre el proyecto que acabáis de realizar y explicad hasta qué punto la capacidad emprendedora es necesaria para el desarrollo de la sociedad.

12. Primero, responded la encuesta que tenéis a continuación.

13. Poned en común vuestras respuestas y valorad la utilidad de haber participado en este proyecto.

ENCUESTA DE VALORACIÓN

1. **¿Es importante el papel que habéis desempeñado como emprendedores? ¿Por qué?**
2. **¿Habéis aportado alguna cosa a la sociedad? ¿Cuál? ¿Vuestras aportaciones, han sido siempre positivas? Razonadlo.**
3. **¿Creéis que vuestro producto se podría comercializar?**
4. **¿Qué obstáculos os habéis encontrado durante el diseño, fabricación y difusión del producto?**
5. **¿Qué grado de aceptación ha tenido vuestro producto entre los compañeros de clase?**

14. Marcad en una tabla como esta la valoración que hacéis de las actividades que habéis desarrollado durante el proyecto.

Diseño del producto	El producto responde a una necesidad o a un problema y tiene unas ventajas muy claras. Los valores que aporta potencian su atractivo.				
Producto final	Está elaborado con materiales reciclados. Está bien construido, su aspecto es bueno y es funcional. Es un producto original				
Trabajo colaborativo	El equipo ha colaborado y todos los miembros del grupo han aportado sus ideas. Se ha temporalizado bien el proyecto para entregar el producto a tiempo.				
Vídeo	Presenta una estructura coherente, con toda la información demandada. Comunica la información necesaria para dar a conocer el producto y llama la atención.				

CÓDIGO DE LICENCIA *

VSR82L3E

edubook
BASIC

1 Entra en la web: **activa.vicensvives.com**

2 Introduce el **código de licencia** de tu libro

Introduce tu licencia

3 **Sigue los pasos** y accede a tu cuenta de Edubook

* Licencia gratuita válida por un año desde su activación. Disponible a partir del 1-9-2019
En caso de que la disponibilidad y activación de la licencia no sea posible por cualquier causa, el usuario no podrá reclamar a EDUBOOK por ningún concepto relacionado con la misma.

Agradecemos a las siguientes entidades la posibilidad de utilizar su material fotográfico: ©Trabajadores de la fábrica de papel y cartón de can Buch a Banyoles. Autor: Joan Corney (1980). Arxiu Comarcal del Pla de l'Estany (tema 4, pág. 76). Caricatura Cánovas – Sagasta©Hemeroteca Municipal, Madrid (tema 4, pág 89).

Ilustraciones y fotografías: Jaume Bosch, Carles Demiguel, David Granados, Carles Salom, Marcel Socias, 123RF, age fotostock, Album Archivo Fotográfico, Getty Images y Prisma Archivo Fotográfico.

Este libro está impreso en papel ecológico reciclable y con tintas exentas de elementos pesados solubles contaminantes. Directiva Europea 88/378/UE, norma revisada EN/71.

Los editores han hecho todos los esfuerzos posibles para asegurar que las direcciones web son las correctas en el momento de la impresión de este libro y no serán responsables de cualquier variación o imprecisión en las páginas web citadas en el presente Libro. Los Titulares del © y la Editorial no serán responsables del contenido de ningún sitio web mencionado en este libro.

Primera edición, 2019

1 2 3 4

Depósito Legal: B. 9.504-2019/ N.º de Orden V.V.: MS37.